Hagen Wissmeister

Ein Kampf um Deutsch

Hagen Wissmeister

Ein Kampf um Deutsch

Die kurze Langgeschichte

Bibliografische Information der Deutschen Nationalbibliothek

Die Deutsche Nationalbibliothek verzeichnet diese Publikation in der Deutschen Nationalbibliografie.
Detaillierte bibliografische Daten sind im Internet über http://dnb.dnb.de abrufbar.

Auf der Bornau 29
D-56321 Brey

Illustrationen: Common Wikimedia und Autor
Druck und Endverarbeitung (print on demand):
Books on Demand (BoD) GmbH
In de Tarpen 42
22848 Norderstedt

Printed in Germany

ISBN: 978-3-9822658-5-8

Thränen des Vaterlandes

Wir sind doch nunmehr ganz, ja mehr denn ganz verheeret!
Der frechen Völker Schar, die rasende Posaun
Das vom Blut fette Schwert, die donnernde Karthaun
Hat aller Schweiß, und Fleiß, und Vorrat aufgezehret.

Die Türme stehn in Glut, die Kirch' ist umgekehret.
Das Rathaus liegt im Graus, die Starken sind zerhaun,
Die Jungfern sind geschänd't, und wo wir hin nur schaun
Ist Feuer, Pest, und Tod, der Herz und Geist durchfähret.

Hier durch die Schanz und Stadt rinnt allzeit frisches Blut.
Dreimal sind schon sechs Jahr, als unser Ströme Flut
Von Leichen fast verstopft, sich langsam fort gedrungen.

Doch schweig ich noch von dem, was ärger als der Tod,
Was grimmer denn die Pest, und Glut und Hungersnot,
Daß auch der Seelen Schatz so vielen abgezwungen.

Andreas Gryphius
* 02.10.1616 † 16.07.1664

Inhalt

1. Der Kampf und die alten Kämpfer

Wir befinden uns im 17. Jahrhundert. Der Dreißigjährige Krieg ist gerade zu Ende. Fast ein Drittel der Bevölkerung ist dem Krieg zum Opfer gefallen, geschändet und massakriert, auch den Heldentod gefallen. In einigen Regionen sind die Opferzahlen noch höher. Und ganz Magdeburg wurde in der – höhnisch so genannten Magdeburger Hochzeit – ausgerottet.
Da müssen wackere Männer erneut zu den Waffen greifen. In ihrem Kampf geht es nicht um Herrschaft und Länder, in ihrem Kampf geht es um die Sprache. Um die deutsche Sprache! Auch sie muss befreit werden, befreit von fremder Herrschaft – mit dem Wortschwert.
Der Kampf gegen die Fremdwörter ist unter dem Stichwort Sprachreinigung oder Purismus bekannt. Moderates Ziel: „reinigung der sprache von [entbehrlichen] fremden bestandtheilen". Es geht darum, „fremde Bestandteile aus der Sprache auszuscheiden und durch Ausdrücke der Muttersprache zu ersetzen, die aus älteren Sprachschichten oder aus den Mundarten übernommen oder neu gebildet werden". Auch feiner: das Streben nach fremdwortreiner oder sauberer Sprache. Irgendwie schon etwas strange, die Sprache mit Sauberkeit in Verbindung zu bringen. Aber das eröffnete auch neue Kampfplätze, auf denen es nicht mehr nur um Fremdwörter ging, sondern auch um gut deutsche, eben irgendwie saubere und unsaubere.
Reinheit auch grammatisch (Richtigkeit der Formen- und Satzlehre), an zweiter Stelle doch moralisch: Vermeidung gemeiner anstößiger oder zweideutiger Ausdrücke.

Martin Opitz
1597 bis 1639
Dichter, Literaturtheoretiker

Andreas Gryphius
1616 bis 1664
Lyriker, Dramatiker

Justus Georg Schottelius
1612 bis 1676
Dichter, Sprachgelehrter

Philipp von Zesen
1619 bis 1689
Dichter, Poetik

Alle lebten in ihrer Zeit, wie wir alle.
Und alle waren differenzierte Persönlichkeiten.

1.2 Erste Kampfplätze

Martin Opitz gibt hierfür – in seiner lateinisch abgefassten – Schrift
Aristarchus sive de contemptu linguae Teutonicae (1617) schon früh den Ton an. Dies hier war aber ein anderer.

> Ihr böse Teutschen,
> man sollt euch peutschen!

Der Kampf musste also an zwei Fronten geführt werden: Einmal gegen Wörter, etwa *Soldat* oder *Prinz*, dann aber auch gegen die Verunreiniger selbst, die eigentlichen Gegner.
Dazu schlosz [pardon: schloss] man sich zusammen in Widerstandsgruppen, die nach dem Vorbild von Ritterorden konstruiert und geordnet waren. Da war etwa die „Fruchtbringende Gesellschaft" [nicht furchtbringende] in Weimar mit ihrem Brevier für ein tugendhaftes Innenleben wenigstens:

> **Sollen sich alle Fruchtbr. Gesellschafter / wes Standes oder Religion sie seyn / Erbar / Verständig und Weise / Tugendhaft und Höfflich / Nützlich und Ergetzlich / Leutselig Mäßig überall erweisen / rühmlich und ehrlich handeln / bey Zusammenkünften sich gütig / fröhlich und vertraulich / in Worten / Geberden und Werken treulich erweisen / und gleich wie / bey angestellten Zusammenkünften keiner dem andern ein wiedriges Wort übel aufzunehmen / höchlich verboten; Also soll man auch dagegen aller ungeziemenden Reden und groben**

Aber dennoch scheinen die Sitzungen – wie bei Rittern so üblich – mit der Zeit in Festessen und Zechereien ausgeartet zu sein. Viele Vereinigungen segneten so das Zeitliche, gingen einfach ein. Aber vielleicht war auch wenigstens „die Teutsche Verskunst von dem fremddrükkenden Joche erlediget / verbessert und ausgearbeitet". Ob die unterjochten Deutschen befreit waren, ist eine andere Frage.
Die Antwort überlassen wir Historikern.
Als besonders heroisch mag man es sehen, dass unsere Helden noch während des echten Krieges auf ihren Schauplätzen ihren Kampf weiterführten.

Zumindest ward alsbald erwiesen,
dass die deutsche Sprache allen anderen überlegen war:

> Sie ist Wortreicher als die Ebreische /
> in der Verdopplung fügsamer als die Griechische /
> in den Sinndeutungen mächtiger als die Lateinische /
> in der Ausrede prächtiger /
> als die Spanische /
> in der Lieblichkeit anmuthiger als die Frantzösische /
> in der Verfassung richtiger als die Welsche /
> wie solche überreiche Vollkomenheit bey allen
> Teutschgelehrten ausser allem Zweiffel.

1.3 Die strategischen Basen

An einigen scheinen aber Zweifel genagt zu haben. Sie kamen zu der Einsicht, erst einmal sei die deutsche Sprache gründlich zu erforschen. Ein solcher war Schottelius [ius!]. Seine Idee:

> Dass man alle Stammwörter in ein vollständiges
> Wortbuch samle /
> der selben Deutung /
> Ableitung /
> Verdopplungen /
> samt denen darvon üblichen Sprichwortern /
> anfüge.

Seiner Sprachauffassung nach beruht deren Grundrichtigkeit auf den Wurzel- oder Stammwörtern, die göttlichen Ursprungs seien und eine natürliche Verbindung zwischen Wort und Ding herstellen.
Das klingt leicht absurd. Sollte der liebe Gott zuerst oder einzig und allein Deutsch geschöpft haben? Und besser als Hebräisch?
Man hätte sich wohl gewünscht, dass die Bibel – doch Gottes Wort – gleich auf Deutsch gekommen wäre.

Da haben wir in einem Sprachmythos gleich zwei Sprachmythen.

Göttlich

Gott ist Schöpfer des Menschen und Schöpfer menschlicher Sprache.
Nach der Heiligen Schrift hat Adam von Anfang Gottes Sprechen verstanden. Ob er seine Sprache gelernt hat, wird nicht thematisiert. Im Grunde wird in der Bibel der Sprachursprung überhaupt nicht thematisiert. Gott hat dem Menschen sowieso eine Sprache gegeben –
und dann die Sprachverwirrung.
Andererseits haben wir da den Adam, der in Gottes Auftrag frei schalten und walten konnte, herumlief und den Tieren Namen verpasste, wie es windschief und über die Zeit wirkend heißt. Also das wäre dann eher indirekt.
Noch im 18. Jahrhundert führte der Pfarrer Süßmilch in seiner Antwort auf die Preisfrage nach dem Sprachursprung eine Art von Beweis. Danach setze Sprache Vernunft voraus, Vernunft aber auch Sprache. Aus dem Paradox folge . . .
Gut auch eine Art Gottesbeweis. Logisch aber:
ex negatione nihil.
Für Linguisten ist spekulativ klar, dass die menschliche Sprachfähigkeit evolutionär entstanden ist und Sprachen eher phylogenetisch an diversen Orten der Welt.
Falls es in dieser Frage auch noch Kreationisten gibt, dann lassen wir sie glauben. Heutzutage dürften sie eher selten sein.

Die Karikatur wirft ein paar interessante Fragen auf:

- Vergab Adam sein Wörter in Deutsch?
- Wie sah sein Deutsch damals aus?
- Hätte er Fehler machen können?

Abbild

Wörter stehen für Dinge in der Welt.
Die Geschichte von Adam basiert auf einem anderen alten Mythos. Und verallgemeinert: Sprache ist ein Abbild der Welt.
Plato, Kratylos

> Hermogenes: Dieser Kratylos behauptet, o Sokrates, es gebe von Natur einen richtigen Namen für jedes Ding [. . .] es gebe eine Richtigkeit der Namen von Natur.

Aber da gab es schon berechtigte Zweifel. Weiter Plato:

> [. . .] kann mich aber nicht überzeugen, dass es einen anderen Grund für die Richtigkeit eines Namens gebe als Verabredung und Übereinkunft.

Immerhin. Aber das ist wieder ein Mythos.
Saussure kritisiert die Schlichtheit des Zusammenhangs von Wort und Ding und die Beschränktheit auf Beispiele wie *Baum*, *Stein*, *Kuh* und so weiter. Eine Art Onymik, die grob am semiologischen Charakter des Wortes vorbeigeht, weil sie auf ein äußeres Ding „assez défini en lui-même pour échapper à la loi générale du signe" (De Saussure 1974, 3312.1) Bezug nimmt. Das allgemeinste Gesetz des Zeichens ist die Arbitrarität, nach der die beiden Seiten des Zeichens unveräußerlich und konventionell assoziiert sind.
Und leider lässt sich für die meisten Wörter draußen in der Welt nichts finden.

Der Mythos stößt übrigens noch auf ein anderes Problem: Mit einem Wort wie *Fernglas*, kann ich ja von jedem x-beliebigen Ding der Art reden. Welches wäre dann das richtige?
Dem hat man abgeholfen in einer fortgeschrittenen Version, nach der dem Wort eine Vorstellung entspreche [Süßmilchs Paradox droht].

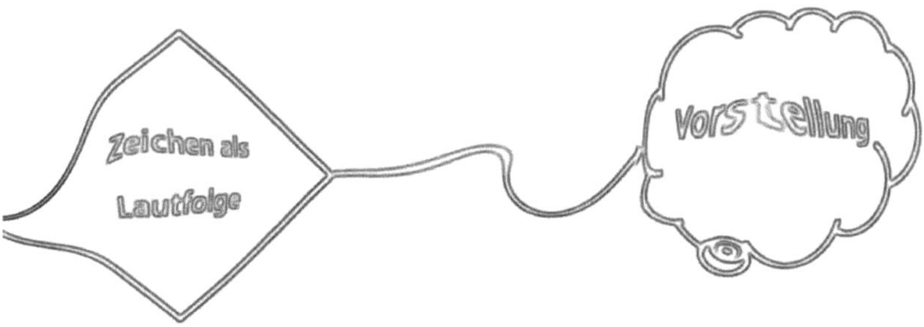

Oder gar ein Begriff – wohl auch irgendwo freischwebend im Himmel, erfunden und ziemlich unbestimmt.
Die Welt ist uns nicht einfach so gegeben und das Verhältnis von Sprache und Welt ist verwickelter.

1.4 Gute Verbündete

Schottel war Sprachliebhaber und linguistisch [pfui!] für die Zeit gut gebildet. Kampferfahrenheit zeigt die Strategie: sich nicht gleich mit jedem anlegen. Schottelius war so klug auszunehmen *Apostel, Colonel, Elephant, Idiot* und *Triumpf*.
Das ist die Strategie, die sich langsam etabliert hat und im Grund bis heute gilt.
Aber Schottel war auch einer jener starken Kämpfer.
Und natürlich hat die göttliche Schöpfung moralische Anforderungen zur Folge, etwa dass man nicht

> „aus gäntzlicher Unkundigkeit und unachtsamer Geringschetzung der Sprache"

gegen die gottgewollte Ordnung verstoße, ihre tugendhaften germanischen Vorfahren verrate und sich selbst entehre. Da drohen dann strengste Verweise.

Ja, die Argumente der Puristen, ihre Begründungen, das ist schon was Besonderes und wird uns weiter beschäftigen. Auch die Vorbilder, an die appelliert wird.

> lingua ipsa germanica, sicut viri docti, sapientes et periti eam tandem receperunt et usurpant

Falls Sie nicht zu jenen gehören, etwas Übersetzung:

> Die deutsche Sprache selbst, wie sie gelehrte Männer, weise und erfahrene, sie verstehen und verwenden.

Bitte jetzt nicht schon zu den Frauen!

Schottel hatte die Idee, ein vollständiges – natürlich sauberes – deutsches Wörterbuch zu entwickeln, mit dem er „der Teutschen Jugend überal auf ein gewisses Ziel anweisen / und derselben mit rechter Lust und Erlernung der redlichen Teutschen Sprache / auch Lust zur Redligkeit / Treu und Tugend mit einpflantzen" wollte.
Was aber wollte Schottel rausfegen und was hat er dafür geboten? Eines seiner Anliegen war die Sprachlehre. Sie lag ihm sehr am Herzen und so hat er sich auch über die grammatische Terminologie hergemacht – sagen wir mal etwas übertrieben.
Dazu bitte ein kleines Rätselchen.
Wie würden Sie die Wörter verbinden? Was steht wofür?

Etabliert	**Schottel**
Artikel	Doppelpunkt
Etymologie	Fragezeichen
Grammatik	Geschlechtswort
Kolon	Hauptwort
Lexikon	Sprachlehre
Numerale	Strichpunkt
Semikolon	Wortforschung
signum interrogationis	Wörterbuch
Substantiv	Zahlwort
Verbum	Zeitwort

Hiermit hat er ein Nebenkampfgebiet aufgemacht, das den Purismus über Jahrhunderte nährt.

Selbstverständlich wissen die Kämpfer nicht nur, wogegen sie kämpfen, sondern auch wofür, so wie dann Leibniz es später formuliert hat, nämlich weil

> bey denen Völckern, deren glück und hofnung blühet, die liebe des Vaterlandes, die liebe der Nation, die belohnung der tugend, ein gleichsam erläuchteter Verstand und daher fließende Sprachrichtigkeit sogar bis auf den gemeinen Man herabgestiegen und fast durchgehendts sich spüren laßen.

So hehr ging es da her.

puristen sind wie maulwürfe, die blind in der sprache herum reuten und wühlen.
Jacob Grimm

1.5 Erste Erfolge?

Manche Verdeutschungen scheinen mehr als Jux gedacht, sie werden von Gegnern auf jeden Fall zum Verjuxen verwendet.
Hier erst mal was aus der Götterwelt.
Für wen soll das passen?

der Wahrsagegötze
- Teufel
- Apollo
- Zeus

die Weidinne
- Diana
- Juno
- Venus

Himmelinne
- Diana
- Juno
- Venus

Lustinne
- Venus
- Diana
- Juno

Auch die hier sind bemerkenswert.
Was könnte damit gemeint sein?

Jungfernzwinger
- Nonnenkloster
- Bordell
- Kaserne

Zeugemutter
- Natur
- Eva
- Maria

Welche wurden wohl hierzu vorgeschlagen?

Fenster
- Tageleuchter
- Windauge
- Luftloch

Nacht
- Tagvertreiberin
- Arbeittrösterin
- Dunkelloch

Musik
- Kummerwenderin
- Rhythmustante
- Hipphopp

Und welches hierzu eher nicht?
Nase
- Löschhorn
- Gesichtserker
- Gurke

Sie wollten reinigen und haben bereichert und sei es auch nur, dass wir uns an Kreativität erfreuen und vielleicht auch selbst kreativ werden.

2. Der Kampf für

2.1 Neues Personal

Johann Christoph Adelung
1732 bis 1806
Bibliothekar, Lexikograph

Joachim Heinrich Campe
1764 bis 1818
Sprachforscher, Verleger

Johann Wolfgang v. Goethe
1749 bis 1832
Dichter und Naturforscher

Jacob Grimm
1785 bis 1863
Linguist, Lexikograph

2.2 Neue Verbündete?

Mit Gottfried Wilhelm Leibniz hatte auch ein Philosoph die Szene betreten. Er befürwortet eine gemäßigte Sprachreinigung und wendet sich keineswegs gegen alle Fremdwörter, wohl aber gegen „das ungereimte, unnöthige einflicken ausländischer, auch nicht einmahl verstandener nicht zwar worte, doch redarthen", eben Meiden jenes „frembden affenwercks". Nach Leibniz hüte man sich vor einer Scheinreinigkeit. Es käme weniger auf die Austilgung einzelner Fremdwörter an als auf die Ehrenrettung und Erhebung der überaus reichen deutschen Sprache. Ihm war es ein Anliegen, dass „die uhralte teutsche Hauptsprache in ihrer natürlichen, anständigen Reinigkeit und Selbststand erhalten werde."

Ihm ging es also um die Förderung der deutschen Sprache. Was ihm vorschwebte, war „ein gleichsam erläuchteter Verstand und daher fließende Sprachrichtigkeit sogar bis auf den gemeinen Man herabgestiegen und fast durchgehendts" zu spüren.

Leibniz legt den Gelehrten den Verfall der deutschen Sprache zur Last; sie sei sehr arm an Wörtern, „die sich auff das Sittenwesen, Leidenschafften des Gemüths, gemeinlichen Wandel, Regierungs-Sachen, und allerhand bürgerliche Lebens- und Staats-Geschäffte ziehen".

Solcher Art Argumentation ist schon früh verwurzelt in Sprachmythen. Ein Mythos ist, eine Sprache könne verfallen, und der zweite im gleichen Atemzuge, jemand sei dafür verantwortlich.

Verfall

Die Angst vor dem Sprachverfall scheint viele umzutreiben. Sie ist in gewissem Sinn plausibel, weil jede Sprache sich ununterbrochen ändert und wandelt.
Das Individuum loquens muss davon ausgehen, dass die Sprache gleich und konstant bleibt, damit es verstanden wird. Damit ist jede, auch ausgedachte Veränderung ungut und ärgerlich.
Was die deutsche Sprache, deren Gefährdung und Verfall betrifft, ist klar: Wenn die Sprecher Fehler machen, dann ist die Sprache gerade die Instanz, nach der etwas ein Fehler ist. Aber kennt, wer den Fehler feststellt, die Sprache?
Und so wird auch Normalen der Wandel nicht auffallen. Ihre Angst wird offenbar von Anomalen angeheizt.
Wohl haben auch Linguisten mitgespielt. Wenn sie davon sprachen, das hoch differenzierte indogermanische Kasussystem, sei nach und nach verfallen bis hin zum fast kasuslosen Englisch. Auch bei den Verben gehen in schöner Metaphorik immer mehr vom starken Ablaut zur schwachen Flexion. Sollte der Übergang zur schwachen Konjugation schlecht sein? Verfall gar? Es ist eine Art Vereinheitlichung. DaF-Lerner wissen, wie quälend Ablautformen sind. Ihnen wäre jede Vereinfachung willkommen.
Die Grundfrage: Wann ist etwas in der Sprache oder nicht mehr, wenn sie verfällt? Wann ist es passiert? So lange man das nicht weiß, ist mit der Sprache nichts passiert.
Übrigens könnte sie im Wandel auch besser werden.
Und zum Trost: Italienisch ist verfallenes Latein.

Und dann wird Leibniz auch noch moralischer: Man müsse Gemeines und Unanständiges vermeiden. So ganz sollte die deutsche Sprache dann doch nicht bleiben. Frage nur: Wer soll denn selegieren?

In der Fremdwortfrage scheint er durchaus moderater.

> Man schaue, dass man nicht „in der Sprach zum Puritaner werde, und mit einer abergläubischen Furcht ein fremdes, aber bequemes Wort, als eine Todt-Sünde vermeide, dadurch aber sich selbst entkräffte, und seiner Rede den Nachdruck nehme; denn solche allzu grosse Scheinreinigkeit ist einer durchbrochenen Arbeit zu vergleichen, daran der Meister so lange feilet und bessert, biß er sie endlich gar verschwächet."

Leibniz hatte es natürlich nötig. Schrieb er selbst doch fast nur Französisch und auch schon mal Latein, wie es sich für einen Philosophen gehörte.

Doch ein anderer Schauplatz wurde nun aufgemacht: Das Hauptansehen wäre zu lenken auf den „Flor des geliebten Vaterlandes Teutscher Nation, [. . .] auf die Teutsche Sprache, sie zu verbessern, auszuzieren und zu untersuchen".

Zu diesem Zweck müsste man zunächst den deutschen Wortschatz vollständig sammeln und ihn in einem dreifachen Wörterbuch erfassen:

- den allgemeinen gegenwärtigen Sprachgebrauch,
- den „Sprach-Schatz" der Kunstwörter aus den verschiedenen Sondersprachen,
- den „Sprachquell" der alten, veralteten und mundartlichen Ausdrücke.

So würden die Deutschen des Reichtums ihrer Sprache bewusst: Reichtum, Reinigkeit und Glanz deutlich.

So ward ein neues Kampfziel geschaffen: Hochdeutsch. Und es betraten zwei neue Helden die Kampfszene. So ward denn auch alsbald der Beelzebub mit dem Teufel ausgetrieben. Betreffs Fremdwörter gab es versöhnliche Klänge: die unentbehrlichen sollten naturalisiert werden. Dem Reinheitsideal fielen dafür andere zum Opfer.

Einer der neuen Protagonisten Adelung war es, der Leibnizens Idee in Angriff nahm: Schaffung eines reinen Hochdeutschs und Festschreibung in einem Wörterbuch.

Rein ist, was nicht mit fremdartigen Teilen vermischt ist. Das Fremdartige, was in Sprachen in Betrachtung kommen kann, sind vornehmlich, veraltete, provinzielle, ausländische und sprachwidrig gebildete neue Wörter, Bedeutungen und Formen. Die erste Art gibt die Archaismen, die zweite die Provinzialismen, die dritte die Latinismen oder Gallizismen und die vierte endlich die Neologismen. Alle zusammen werden zu Barbarismen erklärt.

Dazu verfasste Adelung auch gleich seinen Steckbrief zur Fahndung nach den inkriminierten:

- Wörter, die unangenehm klingen wie *schmeißen*,
- Ausdrücke, die zweideutig, unedel oder unanständig seien wie *Frauenvolk*,
- verwirrende Bildungen wie etwa *Fehde* neben *Streit* und die Zusammensetzung *lustwandeln* neben *spazieren*,
- schwer verständliche (*Mahl* statt *Mahlzeit*) und unregelmäßige Bildungen wie *gelahrt* sowie jene mit zu vielen Silben wie *geruhsam, geruhig* für *ruhig*,
- Wörter, die einen Gegenstand oder Begriff ausdrücken, der sich im Laufe der Zeit geändert hat, so wie *Morgensprache* und *Landsknecht*.

Natürlich blieb es auch hier nicht ohne Zwistigkeiten und innere Händel zwischen den Kämpfern. Aber Unterstützung war zu erwarten von einer Preisaufgabe der Akademie der Wissenschaften zu Berlin.
Doch zuerst wollen wir der Opfer des neuen Ideals gedenken.

Sie sehen leicht: Für alle Zeiten waren die nicht tot.

2.3 Zwiespältig

Im Jahr 1792 schrieb die Berliner Akademie einen Wettbewerb aus. Preisfrage:

Ist vollkommene Reinheit einer Sprache überhaupt und besonders der Teutschen möglich und nothwendig?

- Wie und nach welchen Grundsätzen kann die Reinigkeit der teutschen Sprache am besten befördert werden?
- Wie weit kann und muß dieselbe getrieben werden, ohne ihr noch wesentlichere Vollkommenheiten aufzuopfern?
- Welche Theile des teutschen Sprachschatzes bedürfen vorzüglich die Absonderung des Fremdartigen, in welchen andern hingegen würde diese Absonderung unthunlich oder nachtheilig sein?

Preisträger Campe, ein Aufklärer, legt dann auch Gebiete fest, die einen rein deutschen Wortschatz haben müssen. Und will natürlich alle, in unsere Sprache eingeschlichenen ausländischen Wörter ausmerzen und durch echtdeutsche ersetzen.

Ja, und dann muss er schauen, wie er sein Hochdeutsch reicher macht. Einfach nur liquidieren war nicht seine Ideologie. Fruchtbare Quellen sind:

1. Alle Schriften in der Landessprache bis zu Luthers Zeit.
2. Luthers Werke sowie die besten seiner Zeitgenossen und Nachfolger im 16. und 17. Jahrhundert.
3. Gute Schriftsteller der neueren Zeit.

Und weiter:

4. Schriften von Mystikern, Zeloten und Genies.
5. Die wichtigsten Mundarten Deutschlands.
6. Verwandte germanische Sprachen wie das Englische und das Holländische.
7. Die innere Fruchtbarkeit der deutschen Sprache, vor allem Zusammensetzung und Ableitung.
8. Wörtliche Übersetzung aus anderen Sprachen.
9. Bedeutungswandel, Gebrauch eines Worts in einer neuen Wortklasse (z.B. Verbum als Substantiv) und Übertragung der wörtlichen Bedeutung ins Bildliche (*begreifen, Vorstellung*), d.h. Konversion und Metapher.

Campe verfügt dann ausführliche Anweisungen zum Gebrauch dieser Quellen:

> Wörter müssten vor ihrer Aufnahme einer sorgfältigen Untersuchung unterzogen werden. Auch dürfe man Luthers Werke, besonders aber seine Bibelübersetzung, nicht als frei von Irrtümern betrachten.

Das ist schon ganz schön kühn. Und nach gängiger Meinung über Luthers Rolle bei der sog. Schaffung des Deutschen überheblich und fast blasphemisch.

Die Wiederbelebung veralteter Wörter sei Neubildungen vorzuziehen:

> ein in jenen alten Fundgruben unserer Sprache schon vorhandenes aber veraltetes und vergessenes, [sei dann] wieder ans Licht hervorzuziehen.

Hier können Sie sehen, wie kreativ Campe war. Natürlich hat er die deutschen Wörter nicht geschaffen [*Umwelt* vielleicht?]. Aber er hat attraktive Vorschläge gemacht. Und er teilte das Schicksal der meisten: Er fiel dem Paradox zum Opfer, dass er das Fremdwort nicht erledigen konnte und doch das Deutsche bereicherte.

Achtungsbezeigung	Kompliment	Geheimbund	Komplott
altertümlich	antik	hellhaarig	blond
aufreißen	radieren	Hochschullehrer	Professor
ausschließlich	exklusive	Hünengestalt	Koloß
Ehrenpreis	Honorar	Mannweib	Amazone
einschließlich	inklusive	Mehrzahl	Plural
Einzahl	Singular	Pflanzenkunde	Botanik
Erdgeschoß	Parterre	Rahmspeise	Crème
Ergebnis	Resultat	Randbemerkung	Glosse
Fallbeil	Guillotine	Sinnspruch	Motto
folgerichtig	konsequent	Straßensperrung	Barrikade
Gebärdenspiel	Pantomime	triebmäßig	instinktmäßig
gegenständlich	objektiv		

Bisweilen dürfte das Fremdwort auch dominant geblieben sein. Aber immer ergab sich eine Aufgabenteilung.

Verhältniswort	Präposition	feinfühlig	delikat
zahlungsunfähig	insolvent	folgewidrig	inkonsequent
Bankbruch	Bankrott	Kerbtier	Insekt
Bartpfleger	Barbier	Schaltsatz	Parenthese
Beigabe	Attribut	schiefliegend	kursiv
Bücherkunde	Literatur	Zerrbild	Karikatur

2.4 Proselyten machen

Campes große Schwierigkeit bestand darin, wie er seine Vorschläge bekannter machen und in den allgemeinen Gebrauch bringen könnte. Da war es doch wohl eine gute Idee, Proselyten zu machen, Kampfgenossen zu gewinnen. Hier bewegte er sich auf gefährlichem Gebiet. Versuchte gar, den Stil angesehener klassischer Schriftsteller zu korrigieren. Doch seine Übertreibungen wurden bald deren Spott ausgesetzt. Im Märchen von Murmeltier erzählt Clemens Brentano, wie der Müller und Meisterwortbildner Kampe Wurzelwörtchen geheiratet habe und später gestorben sei, als sein Sohn Voß plötzlich 300 000 neue Wörter hervorgebracht habe, die er nicht selbst ausgedacht hätte. Viele wie Herder, Wieland und Jean Paul kannten Campes Mühen und verkannten sie nicht.

Schiller und Goethe konnte er aber schwer gewinnen. Puristen wie Antipuristen hätten die beiden gern in ihre Reihen geschlossen. Beide jedoch standen dem Purismus eher gleichgültig gegenüber. Goethes Bemerkungen über den Purismus sind eher satirisch oder negativ. Seine Abstinenz kommt in einem Brief von 1814 zum Ausdruck. Er möchte offenkundig nicht hineingezogen werden.

> Etwas Ähnliches möchte ich wohl über das neue Bestreben vernehmen, durch welches die aus einer Knechtschaft kaum entronnenen Deutschen sich schnell wieder in die Fesseln ihrer eigenen Sprache zu schmieden gedenken. Indem ich diesen Dingen nur zusehen kann, so ist mir nichts angenehmer, als von anderen zu hören, was ich selbst gern sagen möchte.

Campe etwa führt an, Goethe habe im Wilhelm Meister doch Ersatzwörter gebraucht wie *ausweiten*, *Strengling* oder *schwankfüssig*. Aber für den Sprachkönner ist immer die Frage, wozu und wofür. Von Ersatz dürfte da kaum die Rede sein. Es gilt zu sagen, was zu sagen ist. Das ist das Zentrale. Nach Goethes Ansicht ist meist ein Fremdwort einer deutschen Umschreibung doch vorzuziehen. Ersatz bleibt eben Ersatz. Etwas schärfer klingt dies:

> Ich verfluche allen negativen Purismus . . .
> [Habe] mehr als einmal die Erfahrung gemacht [. . .], daß es eigentlich geistlose Menschen sind, welche auf die Sprachreinigung mit zu großem Eifer dringen.

So wie fremde Ideen und fremde Kultur, sollten auch fremde Wörter von den Deutschen willkommen geheißen und so schnell und voll als möglich eingebürgert werden. Aber natürlich war Goethe wählerisch: Von den vierzehn Verdeutschungen, die Riemer für das elfte Kapitel von Dichtung und Wahrheit vorgeschlagen hatte, nahm er nur drei: Darunter *folgerechter* statt *konsequenter*, *ohne Umschweif* für *direkt*. Ob da wohl die Fremdwortartigkeit den Ausschlag gab? Die Gesamtzahl von Fremdwörtern in diesem Kapitel beläuft sich auf etwa vierhundert.

Schon zur gleichen Zeit gab es auch einen Guerillero, der im Goethe'schen Geist argumentiert.

> Man bedenke doch, was eigentlich dasjenige sey, das den articulirten Lauten Bedeutung gibt, und sie zu Wörtern einer Sprache macht! Es ist der Gebrauch, arbiter usus, wie Horaz sagt. Das Wort erhält sein Bürgerrecht dadurch, dass Mehrere es annehmen, und dass es Landessitte wird, bei entsprechenden Fällen zu Mitteilung der Gedanken es aufzurufen.

Da kam dann auch Volkes Stimme als Kriterium ins Spiel. Der Guerillero war überzeugt, dass die Puristen die deutsche Sprache ruinieren würden. Er konnte zwar nicht dichten wie Goethe, versuchte aber das Seinige:

Gott dank, daß uns so wohl geschah:
Der Tyrann sitzt auf Helena!
Doch ließ sich nur der eine bannen,
Wir haben jetzo hundert Tyrannen.

War er vielleicht ein Abtrünniger?
Goethe konnte auf jeden Fall keinerlei Sympathie für die zeitgenössischen Puristen aufbringen.
Und jeder Nationalismus lag im fern.

> Die Gewalt einer Sprache ist nicht, daß sie das Fremde abweist, sondern daß sie es verschlingt.

Vielleicht hat Goethe auch derartige Verirrungen gekannt, wie sie in folgendem Dekretsversuch zum Ausdruck kommen.

- Alle öffentlichen Denkmäler, Gebäude und Münzen sollen deutsche Aufschriften tragen.
- Deutsche Ortsnamen sowie deutsche Titel für Beamte und Behörden sollen verwendet werden.
- Die Post soll nicht auf deutsch adressierte Briefe nicht annehmen.
- Ausländische Zeitungen und Zeitschriften sollten nur in Übersetzung erscheinen.
- Schriftsteller, die in öffentlichen Werken Fremdwörter gebrauchten, sollten mit einer Geldbuße bestraft werden.

Das wär dann Goethe teuer zu stehen gekommen.

2.5 Und die Veteranen

So wie Goethe wird auch Jacob Grimm oft bei den Argumenten für und wider die Fremdwörter herangezogen. Die Sprachreiniger weisen auf sein lebenslanges Werk zur deutschen Sprache hin, das er für einen patriotischen Dienst am Vaterland hielt, sowie darauf, dass Fremdwörter grundsätzlich aus seinem Deutschen Wörterbuch ausgeschlossen blieben. Ihre Gegner führen seine Antipathie gegen Regeln in der Sprache und seine vielen, oft leidenschaftlich scharfen Kritiken der zeitgenössischen Puristen an, die er als Pedanten abwies:

> Pedanten und puristen, was eigentlich eine brut ist, sind mir so oft vorgekommen wie maulwürfe, die dem landmanne zu ärger auf feld und wiese ihre hügel aufwerfen und blind in der Oberfläche der sprache herum reuten und wühlen.
> Deutschland pflegt einen schwarm von puristen zu erzeugen, die sich gleich fliegen an den rand unsrer sprache setzen und mit dünnen fühlhörnern sie betasten, gienge es ihnen nach, die nichts von der sprache gelernt haben und am wenigsten die kraft und keuschheit ihrer alten ableitungen kennen, so würde unsre rede bald von schauderhaften Zusammensetzungen für einfache und fremde Wörter wimmeln.

Grimm hielt den Namen „Fruchtbringende Gesellschaft" und Ableger für völlig unangebracht für „eine so pedantische abgeschmackte Spielerei" und Gottscheds grammatische Regeln konnte er nicht ertragen.

Seiner Ansicht nach war Campes Wörterbuch praktisch wertlos, da es vor Ableitungen und Zusammensetzungen nur so strotzte, in der Hoffnung, „einem unverständigen purismus huldigend alle fremde werter aus der sprache zu tilgen".

In den von ihm besorgten Bänden seines Wörterbuchs führte Grimm sehr wenige der von Campe und den anderen Sprachreinigern erfolgreich gebildeten Wörter an.

Und dennoch sollten die Grimms vereinnahmt werden. Ohne ihre Einwilligung wurden Jacob und Wilhelm Grimm zu Mitgliedern der Sprachgesellschaften in Berlin und Frankfurt ernannt; sie nahmen jedoch an deren Veranstaltungen nicht teil. Während Wilhelm die guten Absichten der Berliner Gruppe anerkannte, konnte er ihre Sprachauffassung nicht akzeptieren, da sie der seinen völlig zuwiderlief. Seine Angriffe auf die Sprachreinigung sind hauptsächlich gegen die Mitglieder dieser Gesellschaft gerichtet:

> Unserer Sprache erstehen von Zeit zu Zeit Puristen und Besserer, die mit mehr oder weniger Gewalt eindringen wollen, wo gerade keine Gewalt gilt, und ohne Schaden selbst die leiseste nicht. Neuerlich Wolke und Radlof unter uns, jener höchst geschmacklos und beschränkt, dieser neben dem ersten nur mit Unrecht zu nennen, aber auch befangen in dem offenen Irrthum, dasz ein einzelner [. . .] das gemeine Gut ehrenwerther Sitte meistern und stürzen könne, welche höchstens im einzelnen der entzückte Dichter vermag.

Der Mythos, irgendwer könne die Sprache ändern, durchzieht den Purismus wie die Sprachkritik bis heute.

Beherrschbar?

Die Idee, Sprache könne von irgendjemand geändert, gar in die Reihe gebracht werden, ist verbreitet. Ihre Basis ist der Mythos, Sprache sei beherrschbar. Das scheint aber eher eine metaphorische Falle.

In semantischen Analysen rangiert bei *Sprache* das Verb *beherrschen* noch vor *sprechen*. Aber dies ist reine Metaphorik. Der metaphorische Gebrauch von *beherrschen* ist heutzutage vorherrschend: Jemand beherrscht sein Handwerk, Schlagzeilen beherrschen die Medien. Er ist zum eigentlichen Gebrauch geworden.

Von der individuellen Sprachbeherrschung springt man über die Kluft zwischen Langue und Parole. Doch meine Art der Beherrschung des Deutschen, der Langue, besteht darin, dass ich mir die Langue zunutze mache, um meine Parole-Sätze zu formulieren. Von einem Einfluss auf die Langue kann da nicht die Rede sein.

Wer glaubt, er könne etwas ändern am Deutschen, verfällt einem Schluss nach der Langue-Parole-fallacy.

Im Grunde ist es so, dass die Langue mich beherrscht, nicht ich sie. Indem ich sie nutze, bin ich ihr auch ausgeliefert. Ich kann nicht mehr sagen, als sie mir gestattet.

Sie ist allerdings kein Gefängnis, weil mir in der Parole, in realer Kommunikation auch mehr gelingen kann, weil leichte Abweichungen und Metaphorik verstanden werden.

Schon Größe und Unüberschaubarkeit der Sprache machen es unmöglich, dass Einzelne hier etwas ändern könnten.

Ich verwende sie. Sie ist das Mittel, mich mitzuteilen.

Grimm erkannte den Wert der Dialekt-Untersuchungen des Privatgelehrten Radlof, sowie der frühen Entwicklung des Deutschen an, war jedoch völlig gegen die Ideen zur Verbesserung der Hochsprache, die Radlof in seinem Aufsatz „Vernunft, Gesätzgebung der Sprachen" vorgeschlagen hatte. Radlofs wiederholte Angriffe und die Beschwerden, sein Material sei plagiiert worden, veranlassten Grimm schließlich im Jahre 1820, derlei Klagen öffentlich zurückzuweisen.

So konnte er auch in keinem von Wolkes Werken auch nur eine Spur von Geschmack finden und war besonders besorgt, dass der die Wortbildung Jean Pauls beeinflussen konnte, „der seine eignen Schriften durch nachahmung des purismus lästerlich verdarb".

Grimm war überzeugt, die Puristen selber könnten die Struktur der Sprache nur wenig beeinflussen, keinesfalls so wie die Schriftsteller und Dichter, die zur neuesten Entwicklung des Deutschen am meisten beigetragen hätten. Jean Pauls Werke würden viel gelesen, und seine Textverbesserungen hätten vielleicht „die wolkesche influenza, die selbst nach dem tode ihres geschmacklosen Urhebers immer noch herumgrassiert", verewigen und auf die Sprache eine nachteilige Wirkung haben können. Als Linguist war ihm klar, dass es allgemeine Regeln nicht gibt:

> ihre beiden symptome sind bekanntlich: unnatürliche verrenkung, willkürliche verwechselung und zersetzung der deutschen wortbildungen; das andere: steife verdeutschung des fremden, die kaum der sie niederschreibt fürs gemeine leben in den mund zu nehmen sich getraut, ist 'zusamhang' irgend deutsch?

Alle scheinbar anormalen Formen würden berichtigt und standardisiert, bis sie einer monotonen Norm entsprächen. Solche umfassenden Regulierungen führten nach Grimm dazu, dass man die Tatsache übersah, dass es in der Sprache überhaupt keine universellen Regeln gibt. Jedes Wort hat seine eigene Geschichte; man solle nicht ein Wort als Muster nehmen, an dem dann andere Wörter gemessen würden. Obgleich die Analogie überall waltet, seien doch die scheinbar unregelmäßigen Formen genauso wichtig, denn „es ist ein groszes gesetz der natur, das auch in der sprache anomalien und mangel neben den uns erkennbaren regeln bestehen".

Jedem Versuch zur Bereicherung oder Bereinigung des Wortschatzes müsse eine gründliche Kenntnis des Wesens und der historischen Entwicklung des Deutschen vorausgehen. Jean Paul und die Sprachreiniger hätten den Fehler begangen, die Sprache synchronisch zu behandeln, als sie den Entschluss fassten, das genitive *s* oder *en* bei den Komposita wegzulassen. Er fasst seine Überzeugung in schöner Metaphorik:

> allein zuträgliche ausgleichung steht in der macht des unermüdlich schaffenden sprachgeistes, der wie ein nistender vogel wieder von neuem brütet, nachdem ihm die eier weggethan worden.

Der Grammatiker muss die Rolle des Beobachters einnehmen, indem er den Änderungen folgt und sie aufzeichnet, ohne sich jemals in diesen Prozess einzumischen.

Organismus

Eine Sprache ist ein eigenartiges Objekt: Man kann sie nicht sehen, nicht greifen. Für die Beschreibung haben wir offenbar kein genuines Vokabular. Und so ist metaphorisches Reden im sprachlichen Bereich gang und gäbe.

Das führende Modell für die Konzipierung der Sprache lautet: „Sprache ist ein Organismus".

Die populären Überzeugungen wurden durchaus gestützt von Linguisten. So wurde dieses Modell im 19. Jahrhundert bestimmend. Erst de Saussure hat damit aufgeräumt, dass Sprachen Naturorganismen seien, die – ohne vom Willen des Menschen bestimmbar zu sein – entstanden, nach bestimmten Gesetzen wuchsen und sich entwickelten und wiederum altern und absterben.

Die Idee der Sprachpflege ruht öfter auf diesem Modell. Naheliegend ist wohl gedacht an Pflanzen in einem Gehege, das schön abgeschlossen ist und recht zu pflegen.

In das Gehege können fremde Formen wie das Plural-s eindringen. Die zarten Pflänzchen können bedroht sein: Neue Formen breiten sich wie Unkraut aus. So mag dann der ganze Sprachgarten verwildern.

Allgemein üblich ist die Unterscheidung lebender und toter Sprachen. Sprachen wachsen und gedeihen, verkümmern und sterben, ganze Familien sterben aus.

Auch schön blumig: Treiben Knospen, Blüten bis hin zu Früchten aus sich selbst heraus.

Jacob Grimm wendet das Modell gegen die Pfleger:

> ... die edle natur unserer sprache seit 50 jahren so manches unkraut ganz von selbst ausgejätet hat, und dies allein ist der rechte weg, auf dem es geschehen soll; ihr sind alle gewächse und wurzeln in ihrem garten aus der langen pflege her bekannt und lieb, eine fremde hand, die sich darein mischen wollte, würde plump mehr gute kräuter zerdrücken und mitreiszen, als schädliche ausrotten

In seinem Konzept der Sprache als natürlichem Organismus gebraucht er immer wieder botanische Ausdrücke und nennt die Sprache einen Garten oder eine Pflanze. Der Grammatiker oder Sprachforscher muss sich als Gärtner in ihr Wachstum vertiefen, jedoch darf er sich auf keinen Fall in diesen Wachstumsprozess einmischen oder ihm etwa Regeln auferlegen.

Aber auch vom Sprachgebrauch bezieht Grimm seine Argumente. Campe und andere hätten Tausende von neuen Wörtern als Ersatz geprägt und dabei die vielen besseren, dem Deutschen schon längst bekannten Ausdrücke vernachlässigt. Außerdem handle es sich bei ihren Neubildungen meistens um langatmige Zusammensetzungen, die zweimal so lang, aber nur halb so ausdrucksvoll seien wie die entsprechenden Fremdwörter.

Der Gebrauch der Zusammensetzung wie *Allwagen*, *Gemeinwagen* oder *Allheitfuhrwerk* für *Omnibus* widersprach der Sparsamkeitsmaxime.

Grimm hoffte wohl, die Sprachreiniger würden das Alberne ihrer neugemachten Wörter niemandem einreden können, der etwas auf sein Deutsch hält.

Aber er gibt auch prinzipielle Argumente, die auf sprachhistorischem Wissen basieren:

> Gegen die puristen, wie sie heutigetags unter uns aufgetreten sind, wird sich jeder erklären, der einen richtigen blick in die natur der deutschen sprache gethan hat. sie wollen nicht nur alles fremde bis auf die letzte zaser aus ihr gestoszen wissen, sondern sie überdem durch die gewaltsamsten mittel wohllautender, kräftiger und reicher machen.

Im Alt- und Mittelhochdeutschen sind viele Wörter aus dem Lateinischen übernommen worden. Das gilt fast für den ganzen Wortschatz des Christentums. Meistens wurden die Wörter übersetzt (*Taufe, Sünde, Hölle*) und schnell eingebürgert: *Engel, dichten, schreiben*.

Das lateinische *scribere* wurde bei der Übernahme völlig assimiliert zu *schreiben* und sogar zum starken Verb.

Wie die Sprachreiniger, so befasst sich auch Grimm mit den lateinischen grammatischen Ausdrücken, die er für genauer, klarer und für vertrauter hält als die vorgeschlagenen deutschen Ausdrücke.

Bei den deutschen Wörtern in der Grammatik wie Gebfall und Zeugefall bleibe dagegen die konkrete Bedeutung im Vordergrund, d.h. er hält ihre Durchsichtigkeit für einen Nachteil. Grimm ist auch gegen den Gebrauch vom ersten, zweiten, dritten Fall usw., da man sich an die Folge der Fälle erinnern müsse, die aber selbst bestenfalls suspekt sei.

Jene Züge der deutschen Sprachstruktur, die jedoch der lateinischen Grammatik unbekannt seien, müssten offenbar benannt werden, die tatsächlich gebrauchten Ausdrücke seien im Vergleich mit dem Begriff selbst ohne Bedeutung. Könne man bessere Ausdrücke als Umlaut, Ablaut oder Rückumlaut finden, dann solle man dies tun.
Es gehöre zu den wichtigsten Absichten des Deutschen Wörterbuches, dem deutschen Volk die vollen Möglichkeiten seiner Sprache vor Augen zu führen.

> Dieser ausländerei und sprachmengung soll das wörterbuch keinen vorschub, sondern will ihr allen redlichen abbruch thun, geflissentlich aber auch die abwege meiden, auf welche von unberufenen sprachreinigern gelenkt worden ist. ohne an der schönheit und fülle unserer sprache selbst wahre freude zu empfinden, strebt dieser ärgerliche purismus das fremde, wo er seiner nur gewahren kann, feindlich zu verfolgen und zu tilgen, mit plumpem hammerschlag schmiedet er seine untauglichen waffen. das was, ihm völlig unbewust, die sprache längst schon hatte, oder was sie zum grószten theil noch nicht einmal in sich aufzunehmen begehrt, will er ihr im ungewandten kleide gewaltsam anziehen und einverleiben, vor lauter bäumen sieht er den wald nicht.

2.6 Zur Anschauung

Zur eigenen Anschauung einige Beispiele all der Anstrengungen.

Wie würde Ihnen das Ersatzwort gefallen?
Kreuzen Sie an von gar nicht bis wunderbar.

Einmaster statt Brigg

☐ ☐ ☐ ☐ ☐ ☐

erfahrungsmäßig statt empirisch

☐ ☐ ☐ ☐ ☐ ☐

Gebärdenspiel statt Pantomime

☐ ☐ ☐ ☐ ☐ ☐

Erdgeschoß statt Parterre

☐ ☐ ☐ ☐ ☐ ☐

Gefallsucht statt Koketterie

☐ ☐ ☐ ☐ ☐ ☐

folgewidrig statt inkonsequent

☐ ☐ ☐ ☐ ☐ ☐

Gebärdensprache statt Pantomime

☐ ☐ ☐ ☐ ☐ ☐

gemeinverständlich statt populär

☐ ☐ ☐ ☐ ☐ ☐

Gesprächsform statt Dialog

☐ ☐ ☐ ☐ ☐ ☐

Wie würde Ihnen das Ersatzwort gefallen?
Kreuzen Sie an von gar nicht bis wunderbar.

Hünengestalt statt Koloß

☐ ☐ ☐ ☐ ☐ ☐

gemeinverständlich statt populär

☐ ☐ ☐ ☐ ☐ ☐

gegenständlich statt objektiv

☐ ☐ ☐ ☐ ☐ ☐

Kleinhandel statt Detailhandel

☐ ☐ ☐ ☐ ☐ ☐

Straßensperrung statt Barrikade

☐ ☐ ☐ ☐ ☐ ☐

tatsächlich statt faktisch

☐ ☐ ☐ ☐ ☐ ☐

Ergebnis statt Resultat

☐ ☐ ☐ ☐ ☐ ☐

Verstandesschärfe statt Penetration

☐ ☐ ☐ ☐ ☐ ☐

Irrsinn statt Manie

☐ ☐ ☐ ☐ ☐ ☐

Inwieweit scheint Ihnen das Ersatzwort gelungen?
Kreuzen Sie an von gar nicht bis wunderbar.

Bankbruch statt Bankrott

☐ ☐ ☐ ☐ ☐ ☐

Baßbläser statt Fagottist

☐ ☐ ☐ ☐ ☐ ☐

Beigabe statt Attribut

☐ ☐ ☐ ☐ ☐ ☐

Denklehre statt Logik

☐ ☐ ☐ ☐ ☐ ☐

dienstunfähig statt invalid

☐ ☐ ☐ ☐ ☐ ☐

Eroberungssucht statt Koketterie

☐ ☐ ☐ ☐ ☐ ☐

gegenständlich statt objektiv

☐ ☐ ☐ ☐ ☐ ☐

gliedern statt organisieren

☐ ☐ ☐ ☐ ☐ ☐

hellhaarig statt blond

☐ ☐ ☐ ☐ ☐ ☐

Inwieweit scheint Ihnen das Ersatzwort gelungen?
Kreuzen Sie an von gar nicht bis wunderbar.

prickelnd statt pikant

☐ ☐ ☐ ☐ ☐ ☐

Schaltsatz statt Parenthese

☐ ☐ ☐ ☐ ☐ ☐

Schießbedarf statt Munition

☐ ☐ ☐ ☐ ☐ ☐

Schrägschrift statt Kursivschrift

☐ ☐ ☐ ☐ ☐ ☐

Schweifstern statt Komet

☐ ☐ ☐ ☐ ☐ ☐

Sprachtum statt Philologie

☐ ☐ ☐ ☐ ☐ ☐

Verhältniswort statt Präposition

☐ ☐ ☐ ☐ ☐ ☐

Zwingherrschaft statt Despotismus

☐ ☐ ☐ ☐ ☐ ☐

Wie weit hat das Ersatzwort überlebt?
Kreuzen Sie an von gar nicht bis ganz gut.

altertümlich statt antik

☐ ☐ ☐ ☐ ☐ ☐

Anstellerei statt Affektation

☐ ☐ ☐ ☐ ☐ ☐

auswerten statt evaluieren

☐ ☐ ☐ ☐ ☐ ☐

folgewidrig statt inkonsequent

☐ ☐ ☐ ☐ ☐ ☐

Grundwort statt Subjekt

☐ ☐ ☐ ☐ ☐ ☐

hälften statt halbieren

☐ ☐ ☐ ☐ ☐ ☐

Hochschule statt Akademie, Universität

☐ ☐ ☐ ☐ ☐ ☐

Höflichkeitsbezeigung statt Kompliment

☐ ☐ ☐ ☐ ☐ ☐

Wie weit hat das Ersatzwort überlebt?
Kreuzen Sie an von gar nicht bis ganz gut.

Kerbtier statt Insekt

☐ ☐ ☐ ☐ ☐ ☐

Reinigungsmittel statt Purganz

☐ ☐ ☐ ☐ ☐ ☐

Sonnendach statt Markise

☐ ☐ ☐ ☐ ☐ ☐

Zerrbild statt Karikatur

☐ ☐ ☐ ☐ ☐ ☐

Wie weit wurde das Fremdwort verdrängt?
Kreuzen Sie an von gar nicht bis fast vollständig.

einschließlich statt inklusive

☐ ☐ ☐ ☐ ☐ ☐

folgerichtig statt konsequent

☐ ☐ ☐ ☐ ☐ ☐

frohsinnig statt jovial

☐ ☐ ☐ ☐ ☐ ☐

schöngeistig statt belletristisch

☐ ☐ ☐ ☐ ☐ ☐

Lehrgang statt Kursus

☐ ☐ ☐ ☐ ☐ ☐

Pflanzenkunde statt Botanik

☐ ☐ ☐ ☐ ☐ ☐

Rahmspeise statt Crème

☐ ☐ ☐ ☐ ☐ ☐

Randbemerkung statt Glosse

☐ ☐ ☐ ☐ ☐ ☐

Schlafwagen statt Dormeuse

☐ ☐ ☐ ☐ ☐ ☐

Wie weit hat das Fremdwort verdrängt?
Kreuzen Sie an von gar nicht bis fast vollständig.

Schleiertuch statt Linon

☐ ☐ ☐ ☐ ☐ ☐

verweltlichen statt säkularisieren

☐ ☐ ☐ ☐ ☐ ☐

Vorratshaus statt Magazin

☐ ☐ ☐ ☐ ☐ ☐

Zartgefühl statt Delikatesse

☐ ☐ ☐ ☐ ☐ ☐

Silbenrätsel statt Scharade

☐ ☐ ☐ ☐ ☐ ☐

Zwischengericht statt Entremets

☐ ☐ ☐ ☐ ☐ ☐

Man sollte das Manifest oder die 15 Gebote sich zu Herzen nehmen!

Glaubensbekenntnis

**Ich suche alle Fremdwörter sogleich und immer beim Denken, Lesen, Sprechen und Schreiben zu übersetzen.
Ein ächt deutsches Wort, das den Sinn nur halbgut ausdrückt, ist besser als das beste Fremdwort.**

Ich bemühe mich, auch Andere zu gleichen Strebungen zu ermuthigen.

Ich beweise durch Wort und Schrift, daß ich keine Fremdwörter vonnöthen habe, um mich gut deutsch ausdrücken zu können, und daß selbe also wirklich überflüssig sind.

Ich kämpfe, wo sich Gelegenheit darbietet, mit Eifer und mit Gründen gegen das Vorurtheil, als müßte man jene haben.

Ich gestatte keinem Fremdworte das Bürgerrecht, sonst kommen gleich mehre und am Ende fordern es alle.

Ich nehme keine Rücksicht auf solche, die noch in der Mischsprache befangen, Fremdwörter ohne Zahl gebrauchen, sie mögen in hohen oder niedern Stellen, auf der Bank der Gelehrten oder der Gebildeten sitzen, sondern sei selbstständig und beharrlich, d.h. deutsch.

Ich lerne die deutsche Sprache in ihrem Wesen, in ihrer Schönheit, in ihrer Entfaltung und geschichtlichen Entwicklung immer mehr kennen und hochschätzen.

Ich vergleiche sie sorgfältig und lange mit andern alten und neuen Sprachen und werde sie reicher, mannigfaltiger, bildsamer, und biegsamer finden als alle übrigen.

Ich benutze diesen Reichthum zur Schaffung und Hervorbringung neuer schöner, ächt deutscher Wörter und Gebilde.

Ich suche das, was Zeit und Mißkenntnis an den Wörtern verunstalteten und entstellten, in dem reinen Zustande herzustellen.

Ich suche die alten Kernwörter hervor und lasse nichts, was ächt deutsch ist, verloren gehen: in veralteten Wörtern sind Goldkörner verborgen.

Ich bilde aus den Wurzeln neue Sproßlinge und wage neue Zusammensetzungen einzuführen.

Ich lasse mich weder durch unzeitige Furcht noch durch eitles und nichtiges Gerede davon abschrecken, die Sprache zu veredeln.

Es schlummern hundert und tausend herrliche Wörter in dem Schooße unserer Muttersprache und warten auf den, der sie ins Leben einführt.

Zum Schluss dieses Kapitels
eine erste Gewinn-und-Verlust-Rechnung dieses Kampfes.

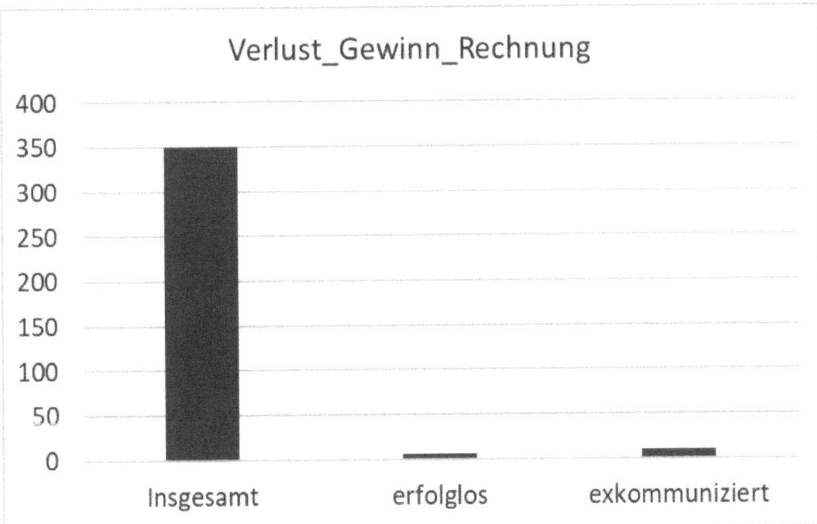

3. Der Endkampf?

3.1 Wieder neue Kämpfer

Friedrich Ludwig Jahn
1778 bis 1852
Pädagoge, Turnvater

Anonymus
???? bis ewig
Wissmeister

Eduard Engel
1851 bis 1938
Sprachkritiker, Antisemit

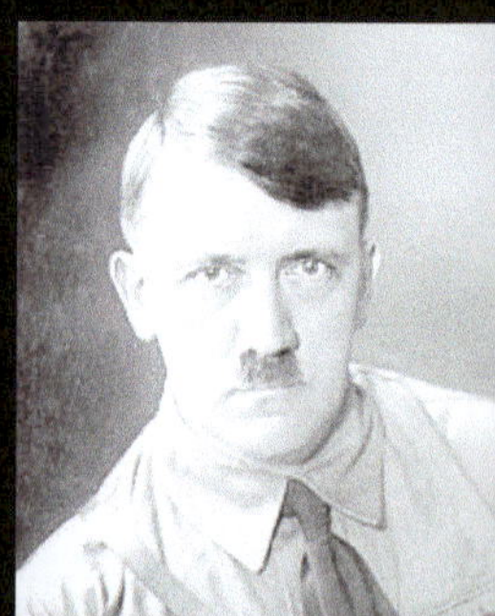

Adolf Hitler
1889 bis 1945
Terminator

3.1 Echt deutsch: Turnvater Jahn

In der ersten Hälfte des 19. Jahrhundert blühte der Versuch weiter, den Nationalstolz der Deutschen zu unterstützen. Der Philosoph Johann Gottlieb Fichte tritt ein für die Vaterlandsliebe als soziale, moralische und religiöse Pflicht. Vor allem seine Vorlesungen trugen viel zur Erregung des Nationalgefühls bei.
Ein anderer Kampfgenosse war Ernst Moritz Arndt. Er ließ allerlei Flugschriften ab mit starken Übertreibungen und in extremem Ton.
Schließlich der dritte im Bunde: Friedrich Ludwig Jahn. Er war innerhalb von Deutschland weit gereist und kannte die verschiedenen Mundarten aus erster Hand.
Mit dem Turnvater Jahn kam die Vaterlandsliebe voll in Blüte. Und es gab neue ernste Turniere, wenigstens ernst gemeinte. Mit extremem Patriotismus paart sich der Hass gegen die Wälschworte, gegen alles Ausländische.
Sein Slogan könnte lauten: „Einheit und Reinheit".
Da war natürlich erst mal sein spezifischer Turnwortschatz, bei dem es ihm aber auf die Herkunft des Grundworts nicht so ankam.

Einige Wörter des Turnvaters waren echt deutsch und deutschtümelnd:
Reck, *Riege* und *Hantel* wurden aus dem Niederdeutschen genommen. Produktiv war die ganze Fechterei *fechten*, *Fechter* und ihr Arsenal *Fechtel*, *Hiebfechtel*, *Stoßfechtel*.
Sie können ahnen, wofür die stehen. Zentral natürlich: *turnen*, *Turner*, *turnerisch*, *Turnlehrer*, *Turnvater*, *Turnwart* und alles, was man da noch brauchte. Wieder so ein paradoxer Fall der Bereicherung des Deutschen.
Jahns Etymologien sind oft lesenswert witzig:
Sommer kam von *Sonn mehr*, *Kater* natürlich von *Kat-er* und *Katze* – woher wohl? – von *Kat-sie*.
Vertraut klingen uns heute: *Eilbrief*, *Kantel*, *Kerf*, *Kleinstaat*, *Reichswehr*, *Schriftbild*.
Allerdings Eigengeschöpfe waren das wohl nicht und was dafür hätte sterben sollen, müssten sie selbst erschließen.
Bei *Kerf* wohl etwas schwierig. Darum verrate ich es: *Insekt*.
Ja, die Kerbtiere!
Natürlich war die Hinwendung zum Volk auch sprachlich produktiv: *Volkstum*, *volkstümlich*, *Volkstümlichkeit*, *Volkskunde*. Später bekamen die auch einen neuen Klang und weiterer Reichtum folgte.
In Jahns eigener Schreibe finden wir manch Originelles: *judenzendes Gemüth*, *Meinfrieden*, *Nachbleibsel*, *Ohnnamigkeit*, *Vehmrichter*, *Volksselbstsucht*, *völkerstumm*, *Zänkergewäsch* und natürlich *echtdeutsch*.

Hier bitte Jahns Strategie-Papier.

Ein mundartiges, gausässiges Wort muß, um durch Schriftwürdigkeit zur Schriftsässigkeit zu gelangen:

- ⇒ eine deutsche Wurzel sein, oder nachweislich von einer solchen stammen;
- ⇒ den Deutschen Wortbildegesetzen nicht widersprechen, sondern sprachthümlich gebildet sein;
- ⇒ echtdeutsch, und nicht schriftwidrig lauten;
- ⇒ mit hochdeutschen Lauten aussprechbar sein, und mit den gewöhnlichen Buchstaben in der Schrift darzustellen;
- ⇒ einen Begriff bezeichnen, wofür es bis jetzt noch kein Schriftwort gab;
- ⇒ zu keiner falschen Nebenbedeutung verleiten;
- ⇒ Weiterbildsamkeit besitzen;
- ⇒ kein schwerzusammengefügtes Angst-, Noth-, und Qualwort sein;
- ⇒ ein schlechteres Schriftwort schriftwürdiger ersetzen.

Sauber!
Aus dem Glashaus spottet er auch über die Sprachfeger, Worttäuscher und Wortbeschwörer, die „Fremdheiten ergrübelt, verwirrte Schalldinge ausgekünstelt [haben], um ihrer Neusucht zu fröhnen, und in Unverständlichkeit den erheuchelten Weisheitsschein zu verhüllen".

Die Kunstwörter der krittelnden Wortmäkler und Sachwalter fremder Schleichwaren sollten nicht vergessen, dass ein Kunstwort immer künstlich bleibt.
Die Angst, die ihn umzutreiben scheint: . . . dass ein Volk seine eigene Sprache verlerne.
Aber aus dem Umfeld kam Hilfe für die Muttersprache, die Sprachmutter. Dies Sprachmütterliche möchte ich Ihnen nicht vorenthalten – etwas modernisiert.

Muttersprache, Mutterlaut,
Wie so wonnesam, so traut!
Erstes Wort, das mir erschallet,
Süßes, erstes Liebeswort,
Erster Ton, den ich gelallet,
Klingest ewig in mir fort.

Ach wie trüb ist meinem Sinn,
Wenn ich in der Fremde bin,
Wenn ich fremde Zungen üben,
Fremde Worte brauchen muß,
Die ich nimmermehr kann lieben,
Die nicht klingen als ein Gruß.

Deutsche Sprache wunderbar,
Ach wie klingest du so klar!
Will noch tiefer mich vertiefen
In den Reichtum, in die Pracht;
Alte Wörter, die mich riefen
Väter aus des Grabes Nacht.

Klinge, klinge fort und fort
Heldensprache, Liebeswort,
Steig empor aus tiefen Grüften
Längst verschollnes altes Lied!
Leb aufs neu in heilgen Schriften
Dass dir jedes Herz erglüht.

Überall weht Gottes Hauch,
Heilig ist wohl mancher Brauch.
Aber soll ich beten, danken,
Geb ich meine Liebe kund,
Meine seligsten Gedanken,
Sprech ich wie der Mutter Mund.

3.2 Anonymus Wissmeister

Im 19. Jahrhundert erlebte der Purismus eine Blüte in einer Unzahl von Vereinen. Der Zweck dieser Vereine sollte sein, im Leben deutsche Gesittung und Gesinnung zu erwecken. Auch in der Sprache war zu kämpfen um Einheit und Reinheit. Die Grundidee war die Bindung zwischen einem Volk und seiner Sprache. Der Zustand der Sprache sei der sicherste Anhaltspunkt zur Beurteilung der intellektuellen und geistigen Verfassung des Volkes.
Da war zuerst der Verein der deutschen Reinsprache und dazu alsbald die Zeitschrift „Die deutsche Eiche". Sie verstand sich als erste Zeitschrift zur Förderung deutschen Sinnes, deutscher Gesittung und deutscher Reinsprache. Aber der Verein der deutschen Reinsprache verging wie Butter an der Sonne mit dem Tode seines Gründers Brugger im Jahr 1865.

In seinem Programm hieß es:

> **Unter deutscher Reinsprache verstehen wir also jene Ausdrucksweise in Wort und Schrift, die sich lauter ächt deutscher Wörter bedient, die aus deutschen Wurzeln, aus deutschem Stoff und Urwesen gebildet und abgeleitet sind. Hier schließen wir jedoch jene allgemein verbreiteten Urwörter nicht aus, die aus einer sehr alten, gemeinsamen, vielleicht ostwelttheiligen Ursprache in mehre Spät- und Ableitsprachen übergegangen sind, über deren Ursprung man gar nichts gewisses behaupten kann: *Ton, Ohr, Nase, Sack, Donner*.**

Fremdwörter sind in zwei Klassen einzuteilen danach, wie vollständig sie im Deutschen assimiliert worden sind:

> Einige sind sehr alt, hausen leider schon lange darin, wurden so entstellt, und im deutschen Munde herumgekaut und geknotscht, daß nur der Gelehrte sie noch als Ausländer erkennt, z.B. *Priester, Mönch, Bischof* u.s.f. Andere, und zwar bei weitem die meisten, tragen ganz offen das Auslandgepräge an der Stirne.

Unterzeichnet:

der Schutzgeist der deutschen Sprache

Wenn Deutschsprechende ein deutsches Wort selbst denken, dann wären Begriff und Zeichen identisch. Dafür könne man in Kauf nehmen, dass es etwas länger dauere, bis sich der richtige Ausdruck finde. Wichtig: die engste Verbindung zwischen Wort und Ding. So gehen Sprachgefühl und Nationalgefühl eine engste Verbindung ein.

Sprache und

Sprache müsse irgendwie fundiert sein. Im Abbildmythos durch die Welt außerhalb. Das mag so weit gehen, dass Dinge und Dingwelt die Sprache bestimmen. Und doch muss auch sie irgendetwas bestimmen. Nur was?

Ein Schritt: Herstellung von Zusammenhängen des Sprachbaus mit eher externen Erscheinungen.
Der Sprachbau war im Zusammenhang zu sehen mit
- der Kultur,
- den sprechenden Menschen.

Nun war Sprache Abbild des Geistes oder der Kultur – und umgekehrt. Extrem bei Sprache und sprechender Mensch: Menschliche Eigenschaften erklären sprachliche Merkmale.
Vor allem zog der Schluss:
- primitive Sprache → primitiver Charakter.

Das ging lächerlich weit, wenn Sprachen klassifiziert wurden nach fingierten Eigenschaften der Sprecher oder ethnischen Begriffen wie Volk.
Das ging gefährlich weit in Rassismus, der eine Übereinstimmung zwischen den geistigen Werten einer Rasse und der ihr angeborenen Sprache erkannte.
Eine andere Frage:
- Bestimmt die Sprache unser Denken? oder
- Bestimmt unser Denken die Sprache?

Kühne Schlussketten hier waren:
- weniger Flexion → primitiver → simples Denken
- ärmliche Sprache → einfaches Denken

Zur Reinigung unserer Muttersprache lebten in der bunten Vereinswelt noch mehr Schutz-und-Trutzvereine.

Der Potsdamer Verein für deutsche Sprache.

Die allgemeine Germanische Gesellschaft.

Freies Deutsches Hochstift

Der Deutsche Sprachwart

Der Allgemeine Deutsche Sprachverein.

Die leitenden Figuren dieser Kämpferzeit fassen wir zusammen in einem Avatar, im realen Konstrukt des Anonymus Wissmeister, der sich in diversen Personen manifestierte und dessen Benamsung gut vorbereitet war. Nicht umsonst wurde dereinst eine Liste mit fast hundert Wörtern zum Stamm *wiss-* erzeugt. Ging es doch darum, all die fremden mit *soph-* und *kogn-* zu ersetzen. Darunter selbst die alten Philosophen durch den modernen Wissmeister.
Insbesondere waren für diese Kämpfer wieder Fremdwörter aus dem Heiligthume unserer Sprache hinauszujagen.

Dazu suchten die Jäger Beihilfe von oben. Die Fürsten, die örtlichen Regierungen und Behörden sollten den Gebrauch von reinem Deutsch bei allen offiziellen Anlässen vorschreiben; Lehrer auf allen Stufen hätten auf der Reinheit der Sprache unbedingt zu bestehen; alle Schriftsteller müssten auf Fremdwörter verzichten, gleichfalls Herausgeber und Berichterstatter von Zeitschriften und Zeitungen. Vor allem die Jungen müssten zuhause und in den Schulen dazu erzogen werden, nur auf deutsch zu denken, zu schreiben und zu sprechen. Die gelehrten und wissenschaftlichen Kreise sollten sich eher des Nicht-Gebrauchs als des Gebrauchs von ausländischen technischen Ausdrücken rühmen. Puristische Sprachgesellschaften müssten überall in Deutschland errichtet werden, um möglichst viele Leute für die Sache zu gewinnen und eine patriotisch gesinnte Zeitschrift sollte den Wert alles Deutschen lobpreisen.

> So sollten die unnützen und undeutschen Fremdlinge verdrängt und die Reinheit und Gediegenheit unserer schönen Sprache wieder hergestellt werden.
> . . . so muß es uns heilige Pflicht sein, nach unsern Kräften die Fremdwörter verbannen zu helfen. . . Unser Ziel muß aber völlige Reinheit sein, und wir werden diesem Ziel gewiß desto näher kommen, je mehr sich der volkstümliche Sinn in Deutschland (und namentlich auch unter den Gelehrten) befestigt und kräftigt.

Diese undeutschen Fremdlinge hatten die deutsche Sprache schon lang genug infiziert und angekränkelt.

und Krankheit

Ein weiterer Sprachmythos.
Als Ableger des Organismusmythos der Krankheitsmythos.
In dieser Art Metaphorik werden Sprachen von allerhand befallen. Das Eindringen der Schmarotzer und Erreger hat Krankheit und Gebrechen zur Folge.
Wortkrebse zeugen Geschwürzellen und Geschwulste. Sie verursachen Krebs und Krebsgeschwüre, die eitern und vor sich hin schwären.
Gefährlichste Viren die Fremdwörter. Sie schleichen sich ein und sind verantwortlich für diverse Krankheiten wie die Auslandskrankheit oder die Bildungskrankheit.
Das kann letztlich zu epidemisch krankhafter Entartung führen, gar zu Seuchen und die Volksgesundheit gefährden.

Später dann drohen Substantivitis, Adjektivitis mitsamt all den anderen X-ivitis und sogar die Verfettung.
Zusätzlich noch diverse Stilkrankheiten und Gebrechen.

Solche Erreger infizieren die Sprecher und die Sprache:
„Wie ein Virus hat sich diese Redeweise ausgebreitet“.
Gegen solche Geschwüre gilt es anzugehen.
Da braucht es dann schon zur Hilfe den Sprachdoktor.
Aber bloß nicht den studierten!
Eher den Quacksalber.

Aber es gab wirklich auch Gegner. Einige wesentliche Einwendungen gegen die Sprachreiniger:

- daß in der natürlichen Entwicklung einer jeden Sprache Wörter fremder Herkunft eine wesentliche Rolle spielten;
- daß diese, obwohl manchmal übermäßig gebraucht, bei weitem nicht so verderblich oder gefährlich seien, wie die Sprachreiniger angeben, denn die deutsche Sprache scheide von selber unnötige und unerwünschte Formen aus;
- daß die Tätigkeit des Vereins seinen eigenen, übrigens im ganzen sehr maßvollen Grundsätzen und Satzungen oft widerspreche;
- daß weder der Staat noch irgendeine vom Reich unterstützte Sprachakademie noch die Behörden dazu befugt seien, den Sprachgebrauch von oben her zu regeln oder über das Schicksal einzelner Wörter zu entscheiden;
- daß man eher nach Sprachrichtigkeit und einem guten Stil streben solle als nach Sprachreinheit;
- daß die Fremdwörterfrage eine Sache des Geschmacks und des guten Stils sei, die mit Vaterlandsliebe und Nationalgefühl wenig zu tun habe.
- daß die Sprache vor allem verständlich sein muß.

Und die Gegner hatten auch Spaß an der Sache und haben Vorschläge unterbreitet. So für Kristalle

> *ein vierfachlinkshalbpfriemänderlich-rechtshalbpfriemänderlich-wandelzahntäuschliger-halbsäuliger ständlich-dreifachkreisliger-zwecklicher Quarzabzwerkling*

oder

> *ein glättiger, vorn und hinten halbfirstlicher-hintanstrebliger-zweifach-schärfliger-kreuzliger Kupferlasur-kreuzgiebling*

Sprachreiniger sehen sich zwei Problemen gegenüber: Was sie ersetzen sollten und wie dies zu tun sei. Recht gewagt, war vielleicht die Idee, alle diejenigen Wörter als fremdartig zu verbannen, welche nicht für jeden Deutschen verständlich seien. Vor allem aber fragte sich, wie sie ihre Ideen durchsetzen könnten. Dazu – wie gesagt – brauchten sie Hilfe von oben.

Da hatten sie es verhältnismäßig leicht beim Militär.

Das Militär stand alsbald treu zur Fahne der Muttersprache.

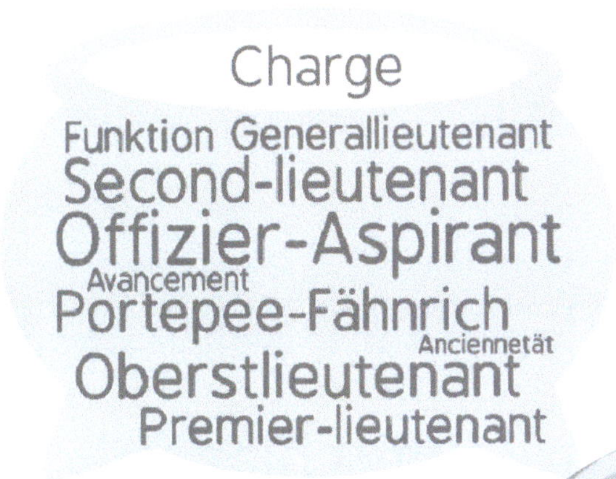

Da kamen die hier in den Abfalltopf.

Und an ihre Stelle traten die hier.

Ein großer Erfolg ward der Puristerei beschieden mit einer Verordnung vom 21. Juni 1875. Darin wurden beinahe siebenhundert Fremdwörter durch deutsche Ausdrücke ersetzt. Alle Postbeamten und Postbehörden wurden angewiesen, im dienstlichen Verkehr nur die neuen deutschen Bezeichnungen zu gebrauchen

Etwas schwieriger wurde die Eroberung der Musik. Aber auch da gab es Scharmützel.

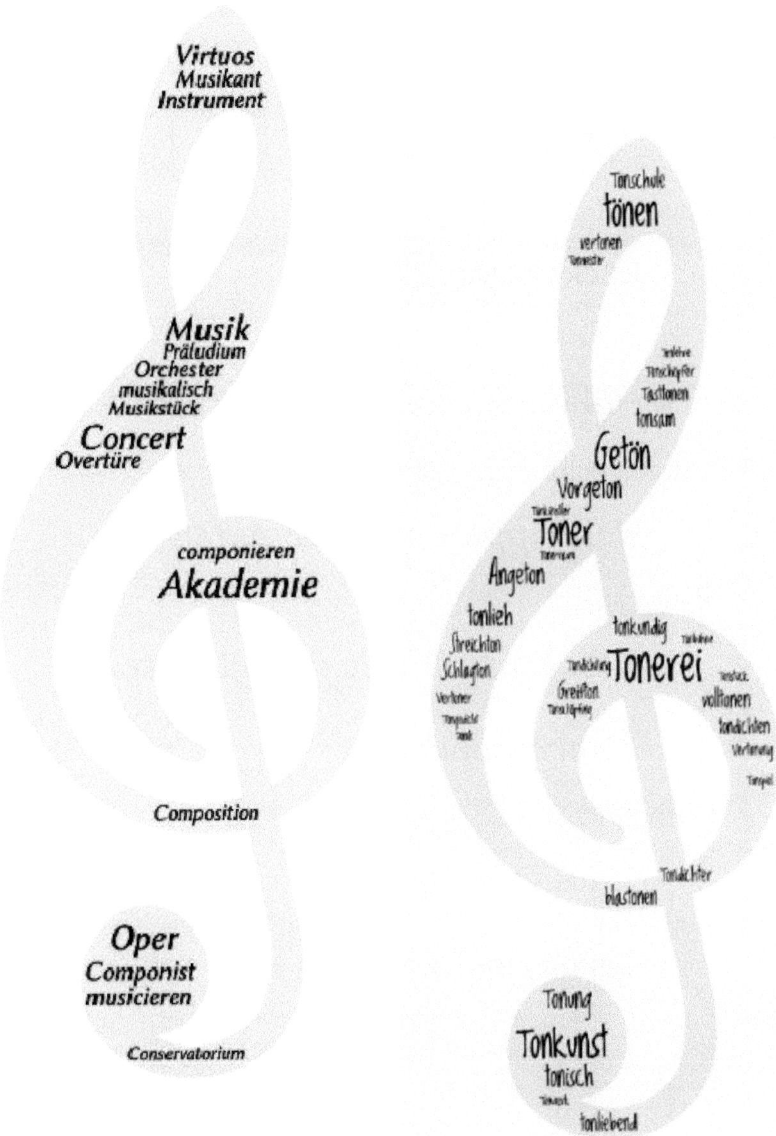

Und zuletzt – nicht ganz zuletzt – machten sich die Puristen über das Essen her.
Dies hier reine Poetik. Eine Reise ins Paradies.
Frage: Wie schmeckt es dann?

Zuvorgericht

Leckerschnitte

Vorgericht

Hühnernocken mit Bertram

Mittelgericht

Hohlhippen in Liebesäpfelsalße

Hauptgericht

Häschenstoß mit überglänzten Zwergmöhren

Nachgericht

Spanischer Wind unter Sprudelrahm

Hier schon weniger poetisch?
Schmeckt's noch?

Zuvorgericht

Austern in Trantunke

Vorgericht

Schleimsuppe

Mittelgericht

Fettleber im Heißwasserbad

Hauptgericht

Hummer mit Lebertranguss

Nachgericht

Geschlagene Sulz

3.3 Ein wahres Engelchen

Eduard Engel war ein Stilkünstler.

Sein Hauptwerk zur deutschen Stilkunst hat in vielen, vielen neuen Auflagen überlebt. Allerdings weniger in der Originalform als vielmehr unausgewiesen übernommen – wenn nicht gerade plagiiert – in Form von Reiners' Stilkunst.

> „Sprich Deutsch!" – Welch ein paradoxer Titel! Das soll offenbar Effekt machen, soll sensationell wirken. – „Sprich Deutsch!" Damit soll dem Leser wohl suggeriert werden, daß man in Deutschland nicht Deutsch spricht, also wieder einmal eine jener fanatischen, zelotischen Fremdwörterhetzen, die in ihrer outrierten Methode zu den extremsten Argumenten greifen, aus der Mücke einen Elefanten machen und die sporadische Einstreuung eines gelegentlichen Fremdwortes gleich als undeutsch stigmatisieren. Dagegen muß doch energisch protestiert werden. Diese Extravaganzen ja Exzesse chauvinistischer Nationalisten und Puristen fallen nachgrade auf die Nerven, diskreditieren eine an sich und gewissermaßen und mit den praktisch gebotenen Kautelen und Restriktionen ganz löbliche oder doch unschädliche theoretische Bewegung, können aber de facto nichts an dem aktuellen Stadium der historischen Entwicklung deutscher Kultur und an der Konsequenz ändern, daß die Welt der Intellektuellen praktisch nun einmal nicht ohne die subtiler differenzierende Nuance eines sorgfältig ausgewählten Fremdwortes in einigen ganz vereinzelten, seltenen, nicht der Rede werten Fällen auskommen kann.

Dies kein Stück von mir, ein Exempel für Engels Vorführtechnik. Er fingiert im eingefühlten Stil Texte seiner Gegner, aber so, dass er sie verhohnepipeln kann. Wir verfahren erst mal ähnlich und führen ihn vor.
Engels Grundüberzeugung: Sprache ist Volk, Volk ist Sprache. Und so vergreifen sich Welscher und Fälscher am höchsten deutschen Heiligtum. Vornehmlich in den gebildetsten Schichten, wird die Mahnung: Sprecht Deutsch! nicht beachtet, meist gar missachtet, oft verhöhnt. Und die deutsche Mengselsprache lebt in der deutschen Bildungswelt und weit über sie hinaus. Ja, bis in die Tiefen des deutschen Volkes hinunter, allenfalls mit Ausnahme der wenigstgebildeten, wenigstverbildeten Grundschicht, wird eine Sprache gesprochen und geschrieben, die nach allen Begriffen von lebendiger, gesunder Volkssprache nicht mehr deutsche Sprache zu heißen verdient. Insonderheit die geschriebene und gedruckte Sprache Deutschlands mag immerhin noch als eine seltsame Mundart, Abart, Entartung des Germanischen so mitgehen, – deutsche Sprache ist das nicht mehr, was uns in jedem Zeitungsblatt, in fast jedem Buche wissenschaftlichen Inhalts, in zahllosen amtlichen, halbamtlichen, unamtlichen Kundgebungen und Anzeigen täglich, stündlich, minütlich entgegentritt.
Aber weiter besteht die Urforderung jedes lebensstarken Volkstumes: Sprecht die Sprache eures Volkes! Erfüllt sie, triebmäßig, ohne Tifteleien, mit der Selbstverständlichkeit alles gesunden Volkslebens.

In Deutschland wird in unzähligen Einzelfällen eben nicht Deutsch, sondern Undeutsch gesprochen, eine wüste Unsprache. Deutsch ist von Feinden umstellt.
Engels Kampfgebiet ist das Welsch in allen Formen.

Was sie tun, die Welscher? Natürlich welschen sie. Aber sie können noch viel mehr: engländern, französeln, fremdwörteln, griecheln, nachnäseln, überfranzöseln, verbriteln, briten, verlateinern, fremdbrockeln.
Und sie produzieren: Alltagsgeplapper, Amerikanerdeutsch, Apothekergriechisch, Berlinfranzösisch, Brockensprache, Küchenlateinisch, Leierkastenitalienisch, Makkaroni-Gedichte, Mengselsprache, Missingsch, Tertianergriechisch, Schweinedeutsch, Schwindelsprache, Sprachkitsch, Sprachplunder, Sprachschlamm.

Damit machen sie sich schuldig der Ausländerei, Englandäfferei, Engländerei, Französelei, Griechelei, Sprachsudelei und Sprachverschmuddelung.
Engel grast alle Kampfgebiete nacheinander ab:

Das Welsch der Geistigen
Da darf nicht gerüttelt werden an dem ragenden Babelturm der Welscherei, vor allem nicht etwa aus verächtlichem Nationalstolz.

Das Welsch des deutschen Alltags
Zeigt sich im welschen Straßenbild und Gewerbe.
Da bekommt man:
Pelerinen, Lingeries, Chemiseries, Dentelles, Galanteriewaren, Bijouterien, Fabrikaten, Importen, Konserven, Manufakturen, Produkten, Parfumeries, Passementeries, Tapisseries, Plissees,

und in den feinsten Spezialitäten
prima Qualitäten.

Tätig sind auch die Stukkateure, Installateure, Dekorateure, Friseure, Bandagisten, Konfektionäre, Droguisten, Modisten; die Ateliers, Salons, Institute, Zentralen, die verschiedenen Filialen, Kommanditen, Expeditionen.

Welsch in Handel und Wandel
Die Lokomotive, die Station, die Expedition, der Transport, die Spedition samt dem Spediteur.

Die welschende Wissenschaft

Das Deutsch der Wissenschaft ist romanisch-griechisch-germanisches Missingsch.

Es sind lauter Lumina, Autoritäten, Koryphäen, Zelebritäten par excellence und kat'exochen. Der unerhört berühmte Welscher heißt Nietzsche; er stellt insofern eine ganz vereinzelte Ausnahme dar, als er zwei durchaus verschiedene Stile schrieb: einen unausstehlichen Welscherstil, der sich nicht von dem Gewelsch der Dutzendschreiber unterscheidet, und einen bezaubernden deutschen Kunststil, dessen Reiz grade in seiner kristallnen Sprachreinheit besteht.

So ist auch der Name jeder Wissenschaft welsch. Die deutsche Sprache ist zu gemein, um so erhabene Begriffe wie Theologie, Philosophie, Philologie, Jurisprudenz, Medizin, Nationalökonomie, Physik, Botanik, Physiologie, Ethnologie, Entomologie, Archäologie, Geographie, Geodäsie, Geologie, Orologie, Astronomie usw. usw. würdig zu benennen. Ist es nicht ein Zeichen edlen Strebens zur Höhe, daß sich auch eine Hühnerologie aufgetan hat, gleichwie es längst eine Blumistik gibt?

Die Minderwertigkeit des Deutschen ergibt sich schon daraus, daß man es versteht.

Und dann noch:

Das Welsch der Germanisten

Es gibt eine Reihe germanistischer Lehrer und Darsteller, die sich der jedem Deutschforscher obliegenden Hüterpflicht wohl bewusst sind. Vielleicht werden sie als geweihte Hüter des Worts demnächst ihre deutsche Wissenschaft mit einem anständigen deutschen Namen versehen.

Noch ein Wort zu den Ludersprachen. Besonders angetan hat es ihm das Jüdische. Aber zahm noch das Jiddische: Das Jiddisch oder russisch-polnische Judendeutsch ist gleichfalls eine Lebenssprache: Deutsch mit einem zahlenmäßig meist stark überschätzten Zusatz von Hebräisch und sehr wenig Polnisch und Russisch. Jeder wirkliche Kenner dieser Sprache eines Millionenvolkes weiß, daß das Jiddisch bei weitem deutscher ist als das Welsch.
Dagegen das Gaunerrotwelsch ist Deutsch, durchsetzt mit verludertem Hebräisch; aber keinem Gauner ist es je eingefallen, diese Sprache für etwas andres zu halten als für ein nützliches Täuschungswerkzeug.

In seiner polemischen Stilkunst hat unser Engel der deutschen Sprache Einiges beschert. Davon nur:

> Dollarrafferwort, Blumisten, Blumistik, hohlredensartlich, Hühnerologie, Schmutziane.

Aber Urian redet eben teutsch. Denn er weiß von der Durchkrebsung, den Durchseuchungen des Teutschen und kennt die Giftkeime.
Die Deutschen, das Volk der zwei Sprachen? Befallen vom Welsch als Volkskrankheit. Hier geht es schließlich um Leben und Tod der deutschen Sprache: Unsre Sprache geht, wenn sie auf dem jetzt betretenen Wege weiter wandelt, nicht nur einer Verschlechterung, sondern selbst der Zerrüttung unausbleiblich entgegen. Zerrüttung ist noch zu mild, Zerstörung muß es heißen.

Noch ein Andenken

3.4 Höhepunkt und Katharsis?

Seit Jahrhunderten ging es den Puristen eher um das deutsche Volk als nur um die Sprache. Ihr Slogan „Gedenke, wenn du die deutsche Sprache sprichst, dass du ein Deutscher bist!"

Ein Volk . . .

Ein Volk – eine Sprache? Eine Sprache – ein Volk?
Ein Mythos, der immer wieder aufblüht.
Sprache schafft Gemeinschaft. Sie lebt von Gemeinschaft.
Was aber wäre ein Volk? Eine Gruppe von Menschen, die in einer abgrenzbaren Region leben oder aus ihr stammen. Regionen sind natürlich nicht von Natur aus abgegrenzt.
Wir werden von einer Unklarheit zur nächsten geschickt.
Was wäre **ein** Volk? Schwer zu bestimmen ohne Rückgriff auf die Sprache. Sie ist ein wesentliches Bestimmungsglied.
Im Mittelalter gab es verschiedene Stämme, mit verschiedenen Sprachen und es gab das Wort *deutsch* und vielleicht das Bewusstsein einer Art Einheit. Aber Deutsche als Volk – wie könnte man das bestimmen? Wer wäre da ein-, wer auszuschließen?
Die Idee einer gemeinsamen Sprache schafft mehr: Die Sprache als Vehikel für die Einheit des Volkes. Keine faktische Einheit, eine Art gesetztes Ideal, ein normativer Slogan für eine Art Scheinbegründung politischer Zwecke und Ziele.
Es geht auch um Abgrenzung und Ausgrenzung. Empirisch validiert: Menschen, die unsere eigene Sprache sprechen, halten wir für intelligenter, für freundlicher, sogar für hübscher.
Es gibt eine starke Tendenz, die Einheit von Sprache und Volk zu sehen. Aber keines von beiden ist wohldefiniert.

Der völkische Gedanke beherrschte die Sprachvereine, die sich in diesem Dunst entwickelten. Solche Vereine hatten in der zweiten Hälfte des 19. Jhs. so zwei- bis dreitausend Mitglieder. Jetzt brauchte jeder Verein ein Organ, in dem er seine Fanfare erklingen ließ: „Die Eiche" und die „Muttersprache". Strammster war der Allgemeine Deutsche Sprachverein (ADVS, später nur noch Deutscher Sprachverein), er hatte alsbald mehr als 90 Zweigvereine im In- und Ausland, die schon mal für sich je 5000 Mitglieder mitbrachten. Stützpunkte in Feindesland. 1919 gab es gar 324 Zweigvereine und an die 40.000 Mitglieder und viele wurden auch tätlich.
Schwerpunkte des gemeinsamen Kampfes wurden Behörden und Ämter, Schriftsteller, Presse, Wissenschaft und vor allem die Schule und die vaterländische Erziehung. Der Kampf gegen die Fremdwörter wurde zur vaterländischen Pflicht, ihre Verwendung zum Landesverrat. Die Vereine lieferten dafür Heere von Fußsoldaten.
Sinnigerweise nahm die die Zahl der Kämpfer mit dem Aufkommen des Nazismus ab. Schon 1933 hatte das Heer fast ein Drittel verloren. Und man musste sich mehr an die Nazis ranschmeißen. Sie als Verbündete gewinnen. Der Sprachverein mauserte sich zum Kampfbund für deutsche Sprache, wollte sich zur SA der Muttersprache machen. Wollte die Volksschädlinge bekämpfen und das heilige, blutgebundene Sprachgut weiter säubern. Die Streiter verfolgten weiter die Strategie des Überwachens von oben und wandten sich mit heißen Bitten direkt an den Führer, „unseren deutschen Volkskanzler".

Der Sprachverein hatte ein Sprachpflegeamt im Sinn mit der Aufgabe der „Überwachung der Sprache im persönlichen und öffentlichen Leben, in Rundfunk und Presse". Da wäre dann auch eine Fremdwortsteuer fällig gewesen.
Die Nazis aber waren jetzt so befestigt, dass sie ideologischen Ballast abwerfen konnten. Es zählte nur noch die neue, die wandelbare Ideologie.
Nach den Eroberungen wollten sie sich vor allem den übervölkischen Aufgaben unserer Sprache widmen.
Eine kleine Begradigung war Hitlers Frakturverbot im Jahr 1941. Mutmaßlich konnte er selbst sie schwer lesen.
Der Sprachverein aber fand einen neuen zeitgemäßen Kampfplatz. Nicht mehr so sehr der Fremdwortpurismus als vielmehr ein neues Feld der Reinigung. Basis wurde die rassistische Fremdwortkritik. Ziel zuerst die jiddischen Fremdwörter und gleich mit die verwandten gaunersprachlichen [die ja selbst schon mitgehangen waren]. Wir sind doch Germanen. Da müssen wir antreten gegen die im jüdischen Verbrechertum wurzelnden Unwörter.
Berappen, beschummeln, meschugge, mies, mogeln, Kohldampf, Schlammassel, Schmu, schofel, Stuss. Und wenn Deutsche gar nicht bemerken, dass sie rassenfremd sind, ist es kein Wunder. Die Juden haben sie perfekt getarnt.
Auf jeden Fall müssen jüdische Eindringlinge ausgemerzt werden. Dieses Zeug aus dem Ghetto und der Kaschemme war des Deutschen nicht würdig. Seine Ausmerzung war eine Blutfrage, war Rassenpflicht. Nach der Reinheit der Sprache die Reinheit des Bluts.

Aufnordung und artgegründete Sprachzucht war angesagt.

So leistet der Verein seinen Teil im Entjudungskampf.

Aber die Nazis hatten generellere Ziele. Ihnen ging es mehr um eine totale Überwachung der Sprache und der Medien.

Und Hitler, ja selbst ein Freund gewisser Fremdwörter, hatte schon längst seinen Unmut geäußert über die „künstliche Ersetzung längst ins Deutsche eingebürgerter Fremdworte". Wie auch hätten die Nazis verzichten sollen auf Wörter wie *Propaganda*, hatten sie doch die Propaganda lange für sich reklamiert, gar ein Ministerium dafür geschaffen und sinnigerweise die der Gegenseite zur Hetze gestempelt.

Dann trat der Terminator selbst auf und versetzte dem Fremdwortkampf den Todesstoß und damit dem ewigen Feld aller Vereine.

Nach einem Rundschreiben des Reichsministers und Chefs der Reichskanzlei ist dem Führer in letzter Zeit mehrfach aufgefallen, daß – auch von amtlichen Stellen – seit langem in die deutsche Sprache übernommene Fremdwörter durch Ausdrücke ersetzt werden, die meist im Wege der Übersetzung des Ursprungswortes gefunden und daher in der Regel unschön sind. Der Führer wünscht nicht derartige gewaltsame Eindeutschungen und billigt nicht die künstliche Ersetzung längst ins Deutsche eingebürgerter Fremdworte durch nicht aus dem Geist der deutschen Sprache geborene und den Sinn der Fremdworte meist nur unvollkommen wiedergebende Wörter. Ich ersuche um entsprechende Beachtung. Dieser Erlaß wird nur in Deutsche Wissenschaft, Erziehung und Volksbildung veröffentlicht.

Berlin, den 19. November 1940 Der Reichsminister
für Wissenschaft, Erziehung und Volksbildung

Offensichtlich hatte man sich im Bild des Führers getäuscht.

> Das Antlitz spannungsgeladen, mit Augen,
> die ein Born zu sich her raffen, ein Gesicht ganz
> volksungebrochen, und auch was an Hemd, Binde
> und Rock sichtbar wird, ist ohne jede Beigabe nur aus
> brauner Erde der Volkstiefe.

Da wurden einige Helden zu tragischen Figuren. Auch der Hetzengel wurde ausgeschaltet und eher ausgeschlachtet. Seine Stilkunst klandestin vom eher rechten Reiners zu großem Erfolg geführt – in vielen, vielen Auflagen. Engel selbst war eine Art tragische Figur, die mit an ihrem eigenen Grab geschaufelt hat. Ihm gings dann letztlich selbst an den Kragen. Er sei doch Jude gewesen und habe ohne jegliche Legitimation die Fremdwortfrage zum Maßstab der Deutschheit gemacht.
Die Helden mussten mehr oder weniger in den Untergrund. Aber die Ideologie war nicht an die Kämpfer gebunden. Sie lebte weiter.

3.5 Eine neue Gewinn-und-Verlustrechnung

Puristen wollten immer schon eine reine Sprache. Aber sie wollten keine Lücken oder Leerstellen hinterlassen. Ihre Grundstrategie: Ersatz liefern, damit niemand in Ausdrucksnot käme. Aber nicht nur das Getilgte mag problematisch sein, auch der Ersatz. Bei diesen getilgten hier hätte ich schon zweimal hinkucken müssen und hätte vielleicht keinen Erfolg gehabt:
Dasymeter, Ephemeride, Brigantine, accoucheur, Kalimank, Courtag, Bilboquet, Ostrazismus, Minauderie, Gazopyrion, mephitische Luft, girieren.
Und meine Rechtschreibprüfung mag einige auch nicht.
Aber die mag auch vieles von mir nicht.
Aber auf die inkriminierten hier möchte ich überhaupt nicht verzichten:
Kompliment, Zylinder, radieren, Streik, Fischpastete, Kuriosum, parfümieren, Honorar, Kabriolett, Resultat, Produkt, Diplom, kokett, delikat, Delikatesse, konsequent, progressiv, Pantomime, objektiv, konträr, banal, trivial, populär, Publikum, Kommissar, halbieren, Kapitän, Diakon, Akademie, Universität, Kompliment, Lineal, explizieren, korrekt, lackieren, Photographie, Quarantäne, Serviette, Gymnasium, pikant, Parenthese, Polizist, Komet, zivilisieren, Karikatur, Philologie, Statue, materiell, faktisch, Komponist, Gymnastik, Pleonasmus, kausal, Original, verklausulieren, Magazin, Parkett, Tapete
Oder Sie?

Da sehen Sie, was Puristen mit Ihnen anstellen würden, wenn sie denn könnten. Gottseidank gab es keine Puristinnen. Und jetzt?

Einige neue unter den 350 neuen sind schon etwas danebengegriffen:

gemeinplätzlich, Kantel, sittigen, Kerf, Lieferer, unterhaltlich

Aber gut gefallen tun mir diese hier:

Angströhre, Feingefühl, Gebärdensprache, gemeinverständlich, kunstgerecht, Lichtbild, Überfülle, Eintagsfliege, Schöntuerei, Altmeister, Aufgußtierchen, befähigen, Bittsteller, Brüderlichkeit, Eilbote, Einzelding, Erdgeschoß, Eßlust, fragwürdig, Gegenwart, Gnadenfrist, Heißsporn, Hetzjagd, höfeln, Kalauer, Kehrreim, Lebemann, Mannweib, mehrfach, Mißerfolg, mißliebig, Nichtstuer, Rechtsanwalt, Rechtsverdreher, Sauerstoff, Schleichware, Schmollwinkel, Selbstsucht, Teilhaber, verweltlichen, verwirklichen, Weichtier, Wirrsal

Obwohl, bei *höfeln* komm ich nicht gleich drauf, wofür es stehen soll.

Und das bringt uns nicht nur auf die Frage, was überlebt hat, sondern auch als was.

Bei der Ersetzung werden doch oft genug nur bestimmte Verwendungen des Todeskandidaten erfasst. Die Frage bleibt: Ist das Ersatzwort wirklich Ersatz? Ist es ein Synonym? In der Regel nicht.

Und gerade daraus ergibt sich die Bereicherung für uns. Natürlich nur, wenn man abzieht, dass der Ersatz immer deutsch ist, also im Deutschen schon existent, vorgesehen oder möglich war.

durchduften	parfümieren
Ernennungsurkunde	Diplom
feinfühlig	delikat
klarlegen	explizieren
Liegezeit	Quarantäne
prickelnd	pikant
tatsächlich	faktisch
Vorraum	Parkett
abtönen	detonieren
Bittgang	Prozession
einüben	exerzieren
Eroberungssucht	Koketterie
Fehlschluß	Sophisma
Festland	Kontinent
Geheimbund	Komplott
gliedern	organisieren
Packpapier	Makulatur
Rahmspeise	Creme
Scheinwerfer	Réverbère
Schriftbild	Faksimile
sinnig	traitable
Stabreim	Alliteration
tätlich	faktisch
Volkstum	Nationalität
Vollkraft	Energie
Werkstoff	Material
Zerrbild	Karikatur

Etwas zur Entspannung

Friedrich Rückert

Grammatische Deutschheit

Neulich deutschten auf deutsch vier deutsche Deutschlinge deutschend,
Sich überdeutschend am Deutsch, welcher der deutscheste sei.
Vier deutschnamig benannt: Deutsch, Deutscherig, Deutscherling, Deutschdich:
Selbst so hatten zu deutsch sie sich die Namen gedeutscht.
Jetzt wettdeutschten sie, deutschend in grammatikalischer Deutschheit,
Deutscheren Komparativ, deutschesten Superlativ.
„Ich bin deutscher als deutsch." „Ich deutscherer." „Deutschester bin ich."
„Ich bin der Deutschereste oder der Deutschestere."
Drauf durch Komparativ und Superlativ fortdeutschend,
Deutschten sie auf bis zum – Deutschesteresteresten,
Bis sie vor komparativistisch- und superlativistischer Deutschung
Den Positiv von deutsch hatten vergessen zuletzt.

4. Alles Schnee von gestern

4.1 Nachhütler und Speerspitzen

Dolf Sternberger
1907 bis 1989
Politikwissenschaftler

Karl Korn
1908 bis 1991
Journalist, Schriftsteller

Sebastian Sick
1965
Journalist, Entertainer

Luise Pusch
1944
Linguistin

4.1 Aufräumarbeiten?

Dolf Sternberger trat in den Sprachkampf ein im Verband mit den Streitgenossen Storz und Süskind. Im Zuge der Nazibewältigung begannen sie schon 1946 damit, die Sprache des Unmenschen vorzuführen. Das führte schließlich zum Hauptwerk „Aus dem Wörterbuch des Unmenschen". Der Unmensch als maskierter Nazi-Übermensch lebte in der Sprache verborgen oder offen weiter. Man musste ihn entlarven, ihm die Maske vom Gesicht reißen. Also, auf zur Suche nach den Überresten der sprachlichen Delikte und Untaten! Es war bestürzend und empörend, was da noch zu entdecken war. Den hochgebildeten Autoren musste gleich zu Beginn mal Hölderlin herhalten:

. . . offen die Fenster des Himmels
Und freigelassen der Nachtgeist,
Der himmelstürmende, der hat unser Land
Beschwätzet, mit Sprachen viel, unbändigen, und
Den Schutt gewälzet
Bis diese Stunde.

Gleich zu Beginn das Menetekel: Lange hatten wir geglaubt, dieser gewalttätige Satzbau, diese verkümmerte Grammatik, dieser monströse und zugleich krüppelhafte Wortschatz seien der Ausdruck der Gewaltherrschaft – ihr Ausdruck oder ihre bleckende Maske –, und so würde dies alles auch mit ihr in Trümmer sinken. Ist es auch mit ihr in Trümmer gesunken?

Aber nein, der Unmensch lebt in tausend partikularen Unmenschlein fort.
Zuerst, was der Unmensch aus dem schönen oder vollkommenen Charakter gemacht hat. Er geht nicht so plump vor, den Charakter etwa offiziell abzuschaffen, gar die Charakterlosigkeit zu preisen. Nein, der Unmensch führt den **Charakter** mehr und öfter und vor allem weit energischer im Munde, als es der Mensch je getan hat und noch tut. Dazu hängt er jenes unscheinbare Silbchen *-lich* an. Und was zuvor Hauptwort und Hauptsache, Substantiv und Substanz, also Wesen gewesen war, wird jetzt Teilwort und Teilsache, Adjektiv, Zutat, Stück unter Stückchen. *Charakterlich* ist ein Bei- und Winkelwort ohne Wesen. Aus den bedeutenden Positionen des Wer und Was, des Gegenstands und der Aussage hat der Unmensch den Charakter und die Menschlichkeit verdrängt und in die Ecke gestoßen. Das Wort lässt nun in der Tat die Sklaverei des Charakters erkennen.
Derart wird der Charakter schließlich
zu einer Waffe in der Hand des Unmenschen.

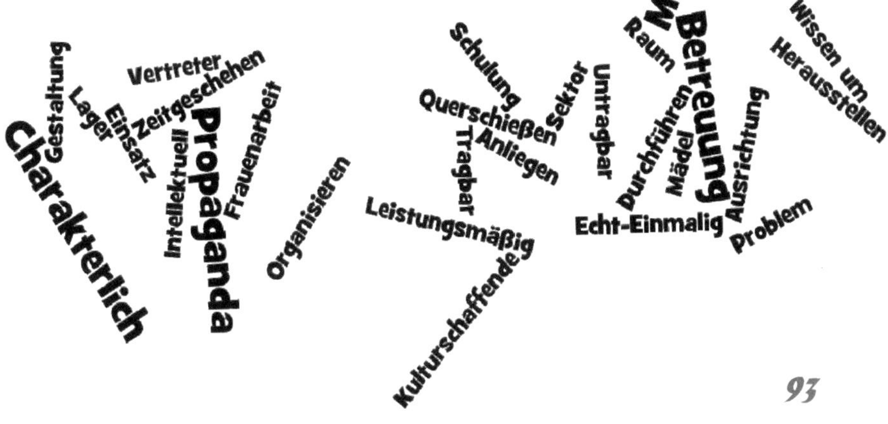

Alsdann zur Behandlung des Menschen durch den Menschen. Da wirkt der Unmensch, der sich in der **Menschenbehandlung** versucht. Zuerst fällt auf, wie viele unter den Zusammensetzungen mit Menschen einen empörerischen und polemischen Klang haben: den Menschenfängern, dem Menschenhandel und der Menschenjagd, den Menschenmetzgern, -plackern, -quälern, -räubern, -Schindern, -Schlächtern und -Verächtern.
Sie alle weisen auf diese Phänomene hin, um sie zu bekämpfen, um sie weg- und abzuschaffen: Der Mensch darf nicht Objekt sein. Drin die herrschsüchtige Vorsilbe nämlich *be-* oder *misshandeln*. Herrschaft über den anderen, und zumeist im üblen Sinn: Das ist die Spur, die dieses Wort in seiner Bedeutungsgeschichte gezogen hat.
Die Sprache verrät stets ebenso viel, als sie verbirgt. So sieht der teuflische Pferdefuß der anmaßlichen Selbstüberhebung des Menschenbehandlers eben aus dem Worte selbst hervor, wo ein Über- oder Obermensch postuliert wird, der sich Untermenschen untertänig macht.
Damit kommen wir zur Sache: „Behandlung der Fremdvölkischen im Osten" lautete die Überschrift eines Memorandums von Heinrich Himmler. Und da ist die Sonderbehandlung, ein verhehlender Euphemismus für Massenmord, nicht weit. Menschenbehandlung ist eo ipso so viel wie Menschenmisshandlung.
Also in letzter Instanz gehe es um Moral.
Aber was hätte die mit dieser Art Sprachsäuberung zu tun?

Die unmenschliche Aufgabe, die Sprache des Unmenschen zu entlarven, fand Fortsetzer. Die Sprachkritik wurde eine Art Fortsetzung der Politik mit anderen Mitteln.
An die Stelle des 3. Reichs tritt die DDR. Da wurden nun sprachliche Erscheinungen in der DDR in oberflächlicher Weise mit solchen der Nazizeit zusammengeworfen.
Es ging um die uniformierte Gewalt der Parteisprache. Und dann griff der Kampf über in die BRD. Es kam bei uns zum Semantikkampf oder einzelnen semantischen Kämpfchen.

Alte Mythen waren immer noch am Leben. Die verbreitetste Sprachauffassung blieb die Abbildtheorie der Sprache, nach der die Wörter für Gegenstände der Welt stehen, die Sprache eine vorgegebene Wirklichkeit abbildet.
Wörter sind dazu da, Dinge zu bezeichnen. Tun sie das nicht oder nicht mehr, werden sie furchtbar, nämlich für die Parteigänger dieser Theorie, weil da Nichtseiendes sein soll. Wer legt aber fest, dass es ein Ding nicht gibt?

Sprachkritik sollte nicht gut gedeihen auf dem Boden der Abbildtheorie. Wäre sie nicht überflüssig, wenn man auf den „Zwang der objektiv-realen Tatsachen" vertraute, von dem es so schön heißt, er setze sich „gegen jede Sprachregelung schließlich und endlich durch"?
Aber dann auch wieder:
„Realität und Sprache klaffen auseinander".
Ein schönes Tohuwabohu und eine Welt voller Paradoxe.

4.2 In Korns verwalteter Welt

Die verwaltete Welt ist eher ein Flickenteppich von Kritikfeldern, in denen Karl Korn die verwaltete Welt am Wirken sieht, ohne dass genau gesagt wird, wie weit sie reicht, ja genau gesagt wird, was sie sei.

Dies gestattet und motiviert auch Rundumschläge gegen alles, was irgendwelchen Mitläufern oder Mitstreitern nicht gefällt, das sie gar hassen.

Scharf unbegrenzt und undefiniert.

Gerade das macht sie umso bedrohlicher. Wir fragen uns: Wo ist sie angreifbar und wo müssten wir kämpfen?

Dieser Art von Sprachkritik als Kulturkritik geht es auch um Reinigung. Diesmal im Deutschen selbst. Es geht gegen ein bestimmtes Deutsch, eben wie eh und je: das der Anderen.

Korn versteht sich als Diagnostiker. Er sagt uns nicht deutlich, was wir nicht tun sollten, wie wir nicht reden sollten.

Ebenso wenig macht er Vorschläge, wie diese Anderen anders reden sollten. Eher etwas resignativ.

Die Grundübel sind: Entseelung, Rationalisierung und Bedeutungsarmut. Verantwortlich die Maschinerie der Verwaltung, die behördliche, die kommerzielle, die industrielle.

Züge dieser Sprache der verwalteten Welt, die aufs Korn zu nehmen sind:

Schablonisierung, Schematisierung, Entseelung, Entpersönlichung, Verplanung, Domestikation, Anonymisierung.

Das Ganze findet statt auf diversen Feldern. Da bringt Korn alle möglichen Probleme, die Sprachkritiker so beschäftigt haben, locker unter einen Hut. Dazu muss der Hut natürlich groß und vor allem weich sein.

Ein Schauplatz ist die Wortbildung und darin die Abkürzungen.

Da verkommen die *-heit, -keit, -schaft, -tum,* die ja einst selbständige Wörter waren zu bedeutungsarmen Suffixen. Und auf ähnlichem Weg die *-träger, -teilnehmer* und Konsorten.

Sollte diese schöne Vielfalt Verarmung sein?

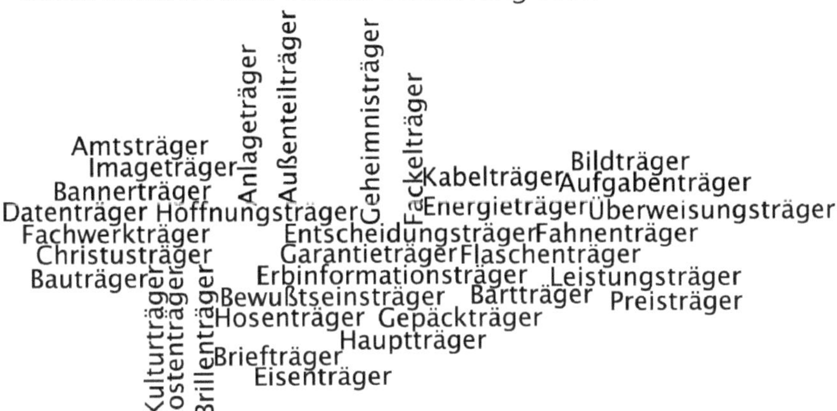

Oder diese?

Dabei zeigt beides nur einen ganz kleinen Ausschnitt der Vielfalt. Und dann könnte man mal versuchen, es anders auszudrücken. Auf diesem Feld sind dann noch die Bildungen auf *-mäßig* im Visier. Das müssen wir hier nicht vorführen.

Verbreitet in der verwalteten Welt ist eine andere Seuche. Sie geht schon zurück in die Nazizeit. Da finden wir die übelsten.

SS, SA und so weiter sind Ihnen geläufig. Aber was haben sie verbrochen? Es sind Kunstworte, hinter denen sich die Langworte verstecken. Dass sie Vereinfachungen seien und so der kommunikativen Effizienz dienen könnten, wäre eine oberflächliche Erklärung. In Diktaturen dienen die Chiffren der Verschleierung. Als Kunstwörter konnten sie den Ballast ihrer etymologischen Herkunft abwerfen. Die Chiffren sind undurchsichtig. Sie wirken wie Geheimzeichen und sind deshalb auch in Geheimdiensten gang und gäbe. In der Wissenschaft kann sich das auch gegen die Laien richten.

Ganz bedrohlich ist die Verbzerstörung. Hier haben wir es zuerst einmal zu tun mit einem älteren Problem:
der Verbalaufschwellung.
Später wird das thematisiert als Funktionsverbgefüge.
Diese Art der Verbzerstörung hatte seinerzeit schon Wustmann auf dem Kieker, der alte Kämpe auf diesem Feld.

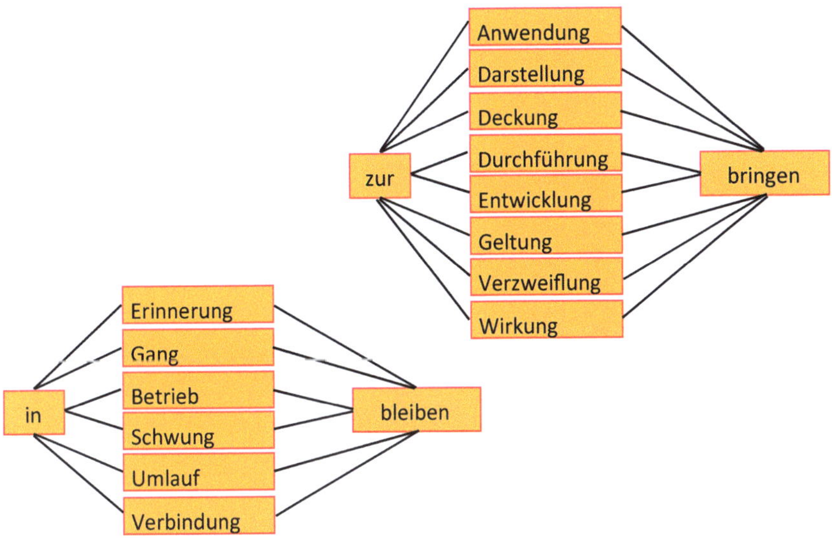

Was die leisten, war für Säuberer kein Grund zu überlegen.

Dann aber trifft es auch die Verben selbst. Dem Infinitiv geht's an den Kragen. Die Überhandnahme des Infinitivs spielt der Entpersönlichung in die Hände.

Hier macht Korn nicht einmal halt vor Heidegger, weil es für ihn eine auffällige Parallelität gibt zwischen Existenzphilosophie und verwalteter Welt. Da muss man dem Infinitiv an den Kragen gehen, weil er zur Entpersönlichung beitrage. Ja klar, er ist ja keine Personalform. Schön geheideggert doch: *das Sein-bei-innerweltlich-Zuhandenem* oder *das Schon-sein-in-einer-Welt*. Müsste man da befürchten die deutsche Sprache würde infiziert? Ja, aber die der verwalteten Welt ist es schon.
Noch ein Wörtchen zu einer anderen Eigenheit dieser Sprache: die Angeberei. Die Verwalteten-Weltler blasen sich auf. Sie haben so Sachen drauf wie *so'n Ding* und *so'ne Wucht*. Und *mit Abstand das beste* oder *in rauen Mengen*. Das mag schon mal etwas dick aufgetragen sein, aber wieso verwaltete Welt?
Natürlich machen diese Leute nicht halt vorm Satz. Auch hier treiben sie ihr Unwesen. Sie missachten die Satzklammer. Au weia, da würde man ja besser verstanden. Und dann machen sie so kurze Sätze und Sätzchen an Sätzchen. Kein Shibboleth klassischer Bildung. Und bekanntlich muss doch Kompliziertes in komplexen Sätzen ausdrücken. Und umgekehrt auch?
Als Kritiker muss Korn Wertmaßstäbe entwickeln. Zu bekämpfen wäre, was sinnwidrig ist.
Und am Schluss dann der Seher, der vorhersieht: Unsere Sprache geht in eine neue Phase ein. Und das Menetekel: Verwandlung von Wortkernen in Worthülsen, Verlust an Wortfülle, Schwinden des tieferen Sinns.

Dieser Art Sprachkritiker glauben nicht nur, sie selbst könnten etwas an der Sprache ändern, sie fürchten vor allem, andere könnten das tun oder hätten es schon getan. Auch das basiert auf einem Mythos.

Übereinkunft

Der Mythos besagt: Sprache ist Übereinkunft.
Aber: Haben Sie an einer solchen Übereinkunft mitgewirkt? Oder kennen Sie jemanden, der dabei war?
Die Annahme, dass irgendwann einmal die ganze Sprache eingeführt wurde, vielleicht über eine Art „contrat social", läuft in eine logische Aporie, wie Quine sie karikiert hat: Als Kind habe er sich vorgestellt, es habe sich ein Gremium von Ratsherren zusammengesetzt – mit langen Perücken wie von Rembrandt gemalt – und habe dereinst festgelegt und verordnet, wie wir sprechen könnten. Die Frage ist aber, welche Sprache diese weisen Herren dabei gesprochen und wie sie uns Sprachlosen ihre Entscheidungen kundgetan haben, so dass wir sie hätten verstehen können.
Die Sprache entsteht ohne eine Übereinkunft und sie wird dauerhaft ohne eine solche Übereinkunft verwendet. Und darin besteht das eigentliche Wunder der Sprachen.
Die Sprache ergibt sich als unreflektiertes, nicht-intendiertes Ergebnis spezifischer individueller Bestrebungen. Aus Millionen kleinster Lösungen, die aufeinander aufbauen und kumulieren. Das alles hat eine Komplexität, die kein Mensch überblicken oder antizipieren, geschweige denn in rationaler Überlegung vorplanen könnte.

4.3 In Sicks lustiger Welt

Sick kommt nicht mehr im feldgrauen Tarnanzug daher, noch nicht grad im bunten Clownskostüm, aber im abgeschabten Anzug der Comedy. Als Mimikrist verfolgt er alte Ziele im neuen Gewand. Die gängigen Bücher zur deutschen Sprache liest doch keiner freiwillig. So ein verknöchertes Zeug in oberlehrerhafter Schreibe lockt doch heutzutage kein Schwein hinterm Ofen vor. [Wer Inhaltsverzeichnisse der Alten und Sicks vergleicht, kann sich vor Déjà-Vus nicht retten.] Ich schreib lieber locker und flockig, distanziert und ironisch. Ich fühle mich mehr als ironischer Geschichtenerzähler. Sowas wie die hier:

> Am Morgen sitzt das junge Paar am Frühstückstisch.
> Er rührt – noch reichlich unausgeschlafen – in seinem [deutschen!] Kaffee [. . .]
> Sie schmiert sich ordentlich Butter aufs Brötchen, streift sich kontrollierend über die Problemzonen in der Hüftgegend und sagt dann zu ihm: „Kannst mir mal die Nutella rüberreichen?"

Ja, und da häng ich mich dann dran: Wie heißt es *der* oder *die* oder *das Nutella*?

Mir geht es darum, das Sprachbewusstsein zu schärfen, Leser zu ermutigen, nicht alles widerspruchslos hinzunehmen, was die Medien, die Werbung, die Politik und das Amtsdeutsch Ihnen bieten. Aber ich weiß leider noch nicht, wie Sie widersprechen könnten. Es muss wohl eher bei einem Selbstgespräch bleiben. Oder man bleibt unter sich.

Und meine Grundüberzeugung bleibt:

> Eine lebende Sprache lässt sich nicht auf ein immergültiges, fest zementiertes Regelwerk reduzieren. Sie ist in ständigem Wandel und passt sich veränderten Bedingungen und neuen Einflüssen an. Darüber hinaus gibt es oft mehr als eine mögliche Form. Wer nur die Kriterien richtig oder falsch kennt, stößt schnell an seine Grenzen, denn in vielen Fällen gilt sowohl das eine als auch das andere.

Bravo! Dem ist nichts hinzuzufügen. Nur – wird es auch beherzigt? Ja, es wird teilweise beherzigt. Zwar gibt es immer noch genug Artikelchen, die Fälle nach richtig-falsch, nach zulässig-unzulässig, nach unsachgemäß-sachgemäß auflösen. Aber es gibt auch immer mehr Artikel in Richtung Sprachkunde, die Vielfalt zeigen, wie über fünf Seiten regionale Bezeichnungen für das Brotknäppchen, det Gnibbsche, des Ranfdl, des Knerzl oder wie immer Sie es bezeichnen möchten.

Und es wird auch die Ratgeber-Allüre gepflegt. Der nette Kenner macht seinen Lernern Vorschläge. Wie immer schon Listen mit Vorschlägen, was Fremdwörter bedeuten, die im Artikel verhohnepipelt werden oder was man für ein Fremdwort sagen könnte, zumindest für „100 englische Fremdwörter", die sich wie Fremdwörter seit eh und je eingeschlichen haben. Da hört die Vielfalt schnell auf, wenn ich zum Beispiel für *Image* dann *Ruf* sagen sollte.

Oder hier können Sie sich Ihre Meinung bilden.

auschecken	**abmelden, ausbuchen**
ausloggen	**abmelden**
Discounter	**Billigladen, Supermarkt**
Image	**Ruf**
Knowhow	**Fachwissen, Sachverstand**
Loser	**Verlierer**
Model	**Mannequin, Modell**
Outing	**Enthüllung, Bloßstellung**
Upgrade	**Aufwertung**

Wenn Sie sich von *Model* nach *Modell* orientieren, kommen Sie schon mal in gefährliches Gelände. Das neueste Modell von Opel könnte dann schon mal beinamputiert, bildhübsch, blond, brünett, dürr, gertenschlank, grauhaarig, halbnackt, hochschwanger, lasziv, magersüchtig, mollig, muskulös, männlich, pummelig, punkig, rassig und spindeldürr sein. Auch mit *ausbuchen* für *auschecken* sollte man besser vorsichtig sein.
Noch ein kleiner Hinweis.

Mit Anglizismenhatz
Mit Anglizismenersatz
Und solchen Sachen

Kann man auch heut noch Punkte machen.
Natürlich Punkte = Knete.

Immer üblicher scheint die Vorführung in der Art von Stilblüten zu werden. Das können Könner genießen. Sick weiß es besser, selbst wenn das Bessere kein brauchbares Deutsch ist.

Aber lustig ist es auch, wenigstens so lange man sich selbst ausnehmen kann. Drum können wir Sick selbst auch so manchen Flapsus durchgehen lassen. Lange schon wagt er sich ins [feindliche?] Gebiet der Grammatik. Da braucht er mimikritisch schon mal an die 500 Wörter, um imaginierten Deppen schön eingekleidet beizustecken, dass der Akkusativ (= der vierte Fall) *den Präsidenten* heißt.

Welche Gefahren auf den Eindringling auf grammatischem Gebiet lauern, wird schon mal beim Abschreiben deutlich. So wenn man laut Sick bei Deklinationsproblemen in den „deutschen Grammatikwerken" nachlesen könne:

laut (vor unbekleidetem Hauptwort) mit Dativ

Motivierende Stilblüte? Ein Joke für Grundschüler? Oder nackte Tatsache?

Aber so ganz ohne Gegner bleibt Sick nicht.
So schreibt Ariane Mohl in einer Glosse
(http:/ / www.sprachforschung.org/ index.php?
show=news&id=573):

Sein Buch „Der Dativ ist dem Genitiv sein Tod" ging innerhalb von zwei Jahren mehr als 1,5 Millionen Mal über den Ladentisch. Es gibt Sick-Hörbücher, Sick-DVDs und ein Sick-Gesellschaftsspiel. Und natürlich geht Bastian Sick auch regelmäßig auf Lesereise. Den großen Saal des Berliner Schiller-Theaters füllt Sick problemlos. Die Atmosphäre an diesem verregneten Abend könnte kaum genitivfreundlicher sein: Sicks Publikum – das sind arrivierte Mittfünfziger, die Tweedjacketts, goldene Brillen und Hochsteckfrisuren tragen und sich sicher sind, dass Hermann Hesse kein Buch mit dem Titel „Der Suppenwolf" geschrieben hat. Und auch Bastian Sick freut sich riesig, dass das „Berliner Bildungsbürgertum" so zahlreich den Weg zu ihm gefunden hat. Er, der schon für sein erstes Diktat eine glatte Eins bekommen hat, weiß ganz genau, dass er es hier im Schiller-Theater ausschließlich mit Menschen zu tun hat, „die mit einem gewissen Anspruch hergekommen sind". Und so amüsiert sich das Publikum zwei Stunden lang köstlich über eine „vermieste Chihuahua-Hündin", Kater, die sich „am gernsten" draußen aufhalten und über einen „Lederchef-Sessel", den ein Supermarkt zum Schnäppchenpreis von 34,99 Euro anbietet. Fehler machen bei Sick immer nur die anderen. Die Supermarktverkäuferinnen, die „Ananässer" und „Gurgen" im Angebot haben und auf Plakaten für „frische Kalbsbrust von der Schweinelende" werben. Aber auch Friseure, die ihre Salons „Vier Haareszeiten", „Philhaarmonie" und „Haarem" nennen, beleidigen Sicks Sprachgefühl. Wer hier lacht, lacht im sicheren Bewusstsein, dass zwischen ihm und der sprachamputierten Unterschicht Universen liegen.

Warum haben solche Bücher so einen Erfolg? Wieso kann Sick so viele dieser Bücher unterbringen und ständig neue? Die Rezipienten machen Bücher zu Erfolgen.

- Wer sich selbst um die deutsche Sprache sorgt, kann sehen, dass er nicht allein steht und Trost finden.
- Leser können sich über die Dummköpfe und Schluderer erheben und stolz sein, dass sie so blöd nicht sind.
- Leser können in Dialog mit dem sicken Kritiker treten, sich auf seine Seite schlagen und sich vornehmen, das Inkriminierte zu meiden.
- Sie können innerlich auch opponieren, in der Sache oder in der Argumentation – und so selbst zu Sprachkritikern [dieser Spezies?] werden.

So versuch ich mich schon mal als Überleitung zum nächsten Kapitelchen.

Früh im Bett: ein Espresso und die Zeitung. Ja, so altmodisch bin ich. Gestern gab es in meiner Morgenzeitung als Stilblüte Folgendes zu lesen:
Laut Polizei handelt es sich bei dem Fahrer vermutlich um eine Frau.
Erst dachte ich: Recht so, man muss das Machotum als Stilblüte vorführen. Aber dann hab ich doch nicht so recht verstanden. Sollten die Zeitungsleute, sollte die Einsenderin meinen, es müsse heißen:
Laut Polizei handelt es sich bei der Fahrerin vermutlich um eine Frau.

Bloß, woher sollte der Stilblütler gewusst haben, dass es um einen weiblichen Fahrer [genießen Sie das Paradox] ging? Hängen die Blütenjäger dem Vorurteil an: Unfall, also schlechter Fahrer, also Fahrerin? Frauen sind doch die schlechten Autofahrer [oder -innen?].
Da lässt das Bachmann-Paradox grüßen: War Ingeborg Bachmann eine der größten Lyriker des 20. Jahrhunderts oder einer der größten Lyriker des 20. Jahrhunderts oder eine der größten Lyrikerinnen?
Immerhin steht es bei Google 5:1 für „Lyriker" gegen „Lyrikerin +-innen". Das ist natürlich irgendwie schade. Nicht nur, dass sie nicht erwähnt werden, nein, dass es sie vielleicht gar nicht gibt. In anderen Fällen könnte das von Vorteil sein. Leider ergibt das Google-Spiel für „Mörder" gegen „Mörderin +-innen" nicht ganz 5:1. Da führen die Mörder etwas knapper. Aber immerhin.
Natürlich dürfen Sie auch weiterhin von den Leistungen der Linguisten und Linguistinnen des 19. Jahrhunderts sprechen [auch wenn Ihnen keine bekannt sind]. Die wurden doch von den Machos unterdrückt und von den Macho-Rezipienten sowieso.
Mir ist natürlich klar, dass ich das Scharmützelchen gegen Sick und seine Xe kläglich verlieren werde. Immerhin steht es in Google etwa 1:5. Und in Wikipedia so um die 1:10 rum.
Zu den Sick-Blüten noch dies zum Ausklang:
Der Apostroph ist männlich.
Da hätten wir wieder den Übergang zu unserer kommenden Heldin.

4.4 Mit Pusch linguistisch zurück in die Zukunft

Als Frau und Linguistin interessieren mich folgende Fragen.

1. Wie kommt es, dass die deutsche Sprache so ist? War sie schon immer so? Wer ist für ihren heutigen Zustand verantwortlich?

2. Wieso sind weibliche Bezeichnungen für Männer untragbar, männliche Bezeichnungen für Frauen jedoch nicht?

3. Welche anderen Bereiche der Sprache — außer den Personenbezeichnungen — sind noch männlich geprägt?

4. Welche psychischen, kognitiven, gesellschaftlichen und politischen Konsequenzen hat es für uns Frauen, dass unsere Muttersprache eine Fremdsprache ist?

5. Welche psychischen, kognitiven, gesellschaftlichen und politischen Konsequenzen hat es für Männer, dass ihre Muttersprache eine Vatersprache ist?

6. Warum beschweren sich nicht mehr Frauen über die Frauenfeindlichkeit der deutschen Sprache? Warum gab es früher keine Diskussion über diesen Skandal?

7. Was können wir tun? Wie können wir aus Männersprachen humane Sprachen machen?

Eine erste Antwort. Ein Mythos.

Wandel

Wie ist es möglich, dass sich über lange, lange Zeit eine Sprache als Tradition hält und es dabei eine kontinuierliche Entwicklung gibt? Der Wandel passiert. Wir müssen ihn nicht machen, wir können ihn nicht machen und niemand ist dafür verantwortlich.

De Saussure sah in der Sprache eine unaufhaltsame Maschine, „une machine qui marcherait toujours", die völlig unserem Willen entzogen ist und an der wir nichts ändern können. Schon die Größe und die Unüberschaubarkeit der Sprache machen es unmöglich, dass Einzelne hier etwas ändern könnten. Was wäre auch gewonnen mit einem individuellen Akt. Kein Sprecher* hat Macht über die Langue.
Und wenn einzelne als Innovatoren* geführt werden, so ist das immer ein Stochern im Dunkeln. Sogar wenn Luther so vieles zugeschrieben wird, er hat es nicht erfunden.
Er wurde nur gelesen.
Das alles geht nur über Kommunikation.
Die Sprache ergibt sich als unreflektiertes, nicht-intendiertes Ergebnis menschlicher Kommunikation. De Saussure sagt: als „résultat incessant de l'action sociale, imposé hors de tout choix".
Begründete Vorhersagen gibt es da nicht.
Rationale Vorplanung erst recht nicht.
Und Beurteilung von außerhalb ebenso wenig.
Und das Wichtigste: Keine hat das Recht in die Sprache einzugreifen, wenn sie es denn könnte. Jedes Individuum hat das Recht von der Sprache Gebrauch zu machen, so wie es ihm passt.
Die Folgen trägt es selbst.

1976 kam ich zur Frauenbewegung. Da fiel es mir wie Schuppen von den Augen. Nächtelang war ich wütend über vergewaltigende und prügelnde Ehemänner, über die systematische Benachteiligung der Frau im Beruf, über den alltäglichen Sexismus in Lehrbüchern und in den Medien. Aber Sexismus in der Sprache war für mich kein Thema. Ich hatte weisungsgemäß über andere Themen zu forschen, z.B. über Nominalisierungen konjunktionaler Nebensätze.
Die Folge der männlichen Allergie gegen das Femininum ist dessen nahezu vollständige Verdrängung aus der Sprache, mit anderen Worten: die sprachliche Vernichtung der Frau, denn ihre genuine sprachliche Existenzform ist das Femininum.
Ein Wunder, dass wir überhaupt noch hin und wieder einem Femininum begegnen. (Für Besserwisser: Ich beziehe mich selbstverständlich auf feminine Personenbezeichnungen und nicht auf Feminina wie die Neutronenbombe.)
Wir haben drum die Großaktion „Rettet das Femininum" gestartet. Wie lässt es sich am besten retten, wiederbeleben und weithin verbreiten? Natürlich durch eine gezielte Allergie gegen das Maskulinum. Immer mehr Frauen schlossen sich ihr an und lehnten es kategorisch ab, sich selbst und andere Frauen mit einem Maskulinum zu bezeichnen oder bezeichnen zu lassen.
In meiner — wie ich jetzt finde, reichlich späten — Bekehrung von der Sympathisantin zur Aktiven erkannte ich, wie brisant und intellektuell faszinierend das neue Gebiet ist.

Hier mal ein paar Beispiele:

Mit der Geschlechtsreife wird der Mensch gebärfähig.
Die Portugiesen behandeln Frauen schlecht.
Ein Mensch ohne Frau ist überhaupt kein Mensch.
Die Menstruation ist bei jedem ein bisschen anders.

Die deutsche Sprache als Frauen-Verwirr-System.
Im Deutschen ist der Tod „männlich", im Französischen und Italienischen „weiblich": *la mort, la morte*. Im Deutschen ist die Liebe „weiblich", im Französischen und Italienischen ist sie „männlich". [furchtbar!] Im Deutschen und Italienischen ist der Tisch „männlich", im Französischen „weiblich". Im Deutschen ist das Messer „sächlich", im Französischen und Italienischen „männlich".
Dann kam der Biologieunterricht. Die äußeren Geschlechtsteile der Frau (also unsere) hießen: *Scham* [aha!] — mit folgenden Schamteilen: *Schamhaar, Schamhügel, große Schamlippen, kleine Schamlippen*. Für den Mann hörte das Schämen schon beim Schamhaar auf. Der Rest hieß nicht etwa *Schamstengel* und *Schambeutel*, sondern *Glied* und *Hoden*.
Warum sollten Männer ohne Not einen Tatbestand als Problem erkennen und behandeln, der ihnen nur Vorteile bringt?

Ein Mensch ohne Frau ist überhaupt kein Mensch.
Wenn man sein Kind stillt. . .
Wie kann man seine Schwangerschaft frühzeitig selbst feststellen?

Mein Bild der Frau, wie ich es aus Texten gewinne:

1. Sie kümmert sich um die Kinder.
2. Sie macht so dies und das im Haushalt.
3. Sie kümmert sich um ihr Äußeres,
   mit wechselndem Erfolg.
4. Sie hat Gefühle, vor allem ängstliche.
5. Sie ist ein Wesen und hat ein Wesen.
6. Sie ist kulturell interessiert.
7. Und sie macht sonst noch allerhand.
8. Sie kümmert sich um Ihn.

Und die andere hat sich einen reichen Mann geangelt, nämlich Klausimausi, und macht ihm fortan das Leben zur Hölle:

Sie hat es nur auf sein Geld abgesehen.
Sie hat ihm geholfen, sein Vermögen aufzubrauchen.
Sie versuchte, die Mitarbeiter gegen ihn aufzubringen.
Sie verlangte von ihm die Aufgabe seiner Stellung.
Sie verdient alles andere als Lob.
Sie ist ein Ausbund aller Schlechtigkeit.
Sie ist eine Ausgeburt von Faulheit und Borniertheit.

Dieses Weib ist so grässlich, dass Klaus, wie immer gentlemanlike, uns ihren Namen verschweigt. Wir wollen ihn auch gar nicht wissen. Vergessen wir am besten diese Ausgeburt!

Ja, und die Männer!
Wird ein Mann als Verkäuferin, Hausfrau, Fachfrau, Beamtin, Ärztin, Dame, Deutsche, Inhaberin o. ä. bezeichnet, so bringt ihn das völlig aus der Fassung. [Vor Lachen?]
Halten wir fest: Unsere Männer sind verhaltensgestört. Wir müssen diese Krankheit endlich ernst nehmen. Denn die Erfahrung lehrt: Wer Busen grapscht, der macht auch ins Bett [Alte Ammenweisheit].
Warum sollten Männer ohne Not einen Tatbestand als Problem erkennen und behandeln, der ihnen nur Vorteile bringt?
Es war ein genialer Schachzug der Männer, Männerforschung einfach „Forschung" zu nennen, Männerjustiz einfach „Justiz", Männerpolitik einfach „Politik", Männerpresse einfach „Presse". Und gedeckt durch diesen Sprachbetrug, lamentieren sie nun ständig, wir seien so „separatistisch" mit unserem neuen Frauenkram! Gegen solche zynischen Verdrehungen hilft vor allem eins: Das Männliche überall namhaft machen! Es gibt keine Forschung, Justiz, Presse usw., die diese unseparatistischen Namen verdient. Und solange der männliche Separatismus sich nicht ändert, müssen wenigstens wir Frauen auf begriffliche Sauberkeit achten und die Dinge bei ihrem richtigen Namen nennen.
Mitgliederinnen: Vor drei Jahren hörte ich das Wort zum erstenmal — von einem (männlichen) Sprachwissenschaftler. Ich dachte, ich hätte mich verhört. Ich redete auf ihn ein, später auch auf die vielen Frauen, die immer wieder von irgendwelchen „Mitgliederinnen" sprachen.

„DAS Mitglied", dozierte ich, „ist doch eine der wenigen nun wirklich geschlechtsneutralen Personenbezeichnungen, die wir haben! Ihr nennt doch Mädchen auch nicht Kinderinnen und reserviert Kinder für Jungen!"
Andere wieder meinten: Wir können es nicht mehr hören, das Wort Glied! Und wieso überhaupt „mit Glied"! Wir Frauen sind „ohne Glied", und darauf sind wir stolz!
Mitglied also als Bezeichnung für das männliche Geschlecht, Ohneglied für das weibliche? – Diese Idee hat sich nicht durchsetzen können. Zu negativ das ganze Wort. Sollen wir uns etwa auch noch selbst definieren als diejenigen, denen etwas fehlt? Noch dazu sowas? Nein danke!

Also auf ins Positive! Was hat das weibliche Geschlecht dem „Glied" entgegenzusetzen? — Das Wort war schnell gefunden: *Mitklit* von *Klit* wie *Klitoris*. (Und für den Herrn macht sich dann vielleicht *Ohneklit* ganz bezaubernd).
Und doch finde ich auch etwas Bedenkliches an dieser munteren Wortschöpferei. Ihr Anlass scheint mir eine übertriebene Konzentration auf das männliche Glied zu sein. Haben wir das nötig, frage ich mich bestürzt. Harmlose Wörter wie *Gliederung, Gliedmaßen, gliedern, eingliedern* – fällt uns etwa auch dazu nur der Penis ein, so dass weitere sprachliche Säuberungsaktionen angeraten sind?
Wir sagen ja den Männern nach, sie dächten immer nur an „das eine". Weibliche Wortschöpfungen wie *Ohneglied* und *Mitklitoris* legen den Verdacht nahe, dass auch Frauen noch entschieden zu oft daran denken. [An das andere?]

Es ist für alle Menschen existentiell wichtig, von anderen Menschen wahrgenommen, beachtet und in ihrer Identität bestätigt zu werden. Das wissen wir alle aus Erfahrung. Was hat das alles nun mit Sprache zu tun? Sehr viel. Das deutsche Sprachsystem enthält aufgrund seiner semantischen Struktur für Männer mehr Chancen des Gemeintseins und damit des Identifiziertwerdens als für Frauen. Wenn selbst eindeutig geschlechtsneutrale Ausdrücke wie du ohne weiteres auf Männer allein referieren können, kann frau mit ziemlicher Sicherheit schließen, dass Ausdrücke wie der Leser, der Erneuerer, die schon von ihrer Semantik her die Lesart „Männer allein" zulassen, erst recht auf Männer allein referieren werden.
[Hui!]
Ein Akt des Meinens ist, sofern er auf Personen zielt, ganz offenbar dann misslungen, wenn diese Personen sich trotz aller guten Absichten der/des Meinenden nicht gemeint fühlen und dafür handfeste Gründe (Ambiguität, Kontext, Erfahrungswerte) angeben können. Die Behauptung, Sexus habe nichts mit Genus zu tun, ist natürlich hanebüchener Unsinn.

Wenn nun gesagt wird, andere Redeweisen seien zu umständlich und unökonomisch, so sage ich: Es gibt bessere, auch „ökonomischere" Strategien, die aber für unseren Sprachraum im einzelnen erst noch ausgearbeitet werden müssen. [!]

Sprache

Sprache – ein schillerndes Wort. Zum Grundkonsens der Linguistik gehört zu unterscheiden zwischen Langue und Parole, der Sprache als gemeinsames Reservoir, das wir nutzen können, und der Verwendung in tatsächlichen Äußerungen. So bei Wörtern die Bedeutung (was man damit meinen kann) und dem, was jemand in der konkreten Äußerung damit meint.
Die Bedeutung des Pronomens *du* besteht darin, dass man damit einen x-beliebigen Partner meinen kann.
Die Bedeutung eines Wortes ist nicht scharf begrenzt oder abgeschlossen. Sie hat sich ergeben durch den Gebrauch. Aber dennoch gibt es Unterschiede im Kontinuum.
Selbst, wenn jemand drauf kommt, wird er wissen, dass das Pronomen *man* anders verwendet wird als das Nomen *Mann*. Und wie weit sich die Bedeutungen überlappen, ist eine empirische Frage. Einfach zu behaupten, das eine stecke im anderen, wird schnell zur Etymogelei. Da geht es nicht nur darum, dass ein Kritiker* einer falschen Etymologie aufsitzt. Das passiert Sprechern* häufig und versorgt uns mit den schönsten Volksetymologien. Das passiert Linguisten und Etymologen. Es ist normal in der Wissenschaft. Kritisch zu sehen ist es, wenn die Etymologie argumentativ genutzt wird, zum Beispiel um uns auf Früheres zu verpflichten, Jetziges als falsch zu deklarieren und von uns zu verlangen, unseren Sprachgebrauch zu verändern.
Dieser Art ist die Aufdeckung, dass im Pronomen *man* eigentlich *Mann* stecke und dass darum in seiner Verwendung Frauen nicht mitgemeint seien. Der Witz einer Etymologie ist aber gerade, den Weg des Wandels zu zeigen, dem ein Wort unterworfen war.

Die heutige Verwendung mit der früheren gleichzusetzen, ist natürlich ein Kunstfehler. So bleibt als Argumentationsgrundlage nur der Nachweis, inwiefern in der Verwendung von *man* Frauen nicht mitgemeint seien.

Im Übrigen wollen wir uns nicht ausdenken, wo eine derartige Schnüffellogie enden würde. Was immer *mann* in früheren Zeiten bedeutete, es steckt in *Mensch*, in *jemand* und, ob Frauen bei *niemand* nicht dabei seien, mögen die Verfechter dann entscheiden.

Vielleicht mögen Sie sich ein Urteil bilden, wenn ein männlicher Linguistin feststellt:

- Sie begeht Missgriffe in der Argumentation.
- Ihre Argumentation ist willkürlich.
- Sie argumentiert wissenschaftlich unredlich.
- Sie begeht Methodenfehler.
- Sie argumentiert unlinguistisch.
- Sie lässt Grundprinzipien der Semantik außer acht.
- Sie lässt Grundprinzipien der Linguistik außer acht.
- Sie leistet sich Verwechslung von Sexus und Genus.
- Sie redet plakativ.
- Sie ist agitatorisch.

Ich halte dagegen fest: Der deutsche Wortschatz eignet sich zum Ausdruck weiblicher Interessen und Sehweisen etwa so gut wie ein Rasierapparat zur weiblichen Körperpflege. Mag mann uns den Apparat auch noch so sehr als geschlechtsneutral und für Frauen und Männer gleichermaßen entworfen und geeignet anempfehlen – es wird kaum Situationen geben, wo sich dieses Instrument für uns als praktisch erweist. [Naja!] Vielmehr sind wir genötigt, immer mehr eigene Instrumente für unseren Bedarf zu entwickeln.

Noch ein absurder Tipp: Es heißt, das Türkische sei eine genusfreie Sprache. Als warum nicht ab in die Türkei?

4.5 Und nun?

Dies Büchlein handelt vom Kampf der Paradoxe. Puristen haben die Jahrhunderte hindurch Wörter vertreiben wollen.

sprachwidrige ausländische Brokken

der gefährlichste Feind der deutschen Sprache

Fremdzellen im reinen deutschen Sprachleibe

FREMDWORT

eine schwärende, krebsige Wunde am Leibe deutschen Volkstums

Krebsgeschwür am Leibe deutscher Sprache

unnöthig und barbarisches Bettelgut

unartiger Sprach-Sitten-und Tugendverderber

Krebsschaden der deutschen Geistesgeschichte

Dafür haben sie neue – wenn auch immer mehr oder weniger sprachkonforme – angeboten. Die sind uns oft geblieben. Aber die alten meist auch.
Was einmal im Deutschen drin ist, kriegt man so leicht nicht mehr raus.
Drum das schöne Paradox:
Man wollte tilgen und säubern und hat bereichert.

Was sind nun die Instanzen, an die puristisch appelliert wird?

Was die Sprache betrifft, ist es zuerst einmal ein Selbstgefühl, eben das Sprachgefühl. Es ist natürlich ein Zartgefühl und kann leicht verletztes Sprachgefühl werden. Nur bei manchen muss man das Sprachgefühl etwas schärfen. Eng verbunden ist es mit dem Nationalgefühl, dem deutschen Sprachgefühl, eben dem deutschen Nationalgefühl oder den patriotischen Gefühlen. Das ist zugleich das Gefühl nationalen Stolzes.

Und wird so verstärkt durch das anti-französische Gefühl. Besonders schlimm wird nämlich das beleidigte Nationalgefühl. Das lebendige Sprachgefühl wird zugleich gedacht und gefühlt, besteht in Gedanken und Gefühlen.

Jeder hat wohl schon ein eigenes Pflichtgefühl und handelt daraus. Ansonsten muss man es halt schärfen.

Ja, da wären wir bei der Pflicht. Wir können schon verpflichtet sein oder es kann uns zur Pflicht gemacht werden. Zu den Arten unserer Pflicht und Verpflichtung ein kleines Bildchen.

Je näher uns zeitlich, umso moderner, umso aktueller – und umso seriöser?
Ja sicher, jetzt geht es um die demokratische Pflicht des Genderns.
Ein echter Fortschritt soll wohl sein, dass über das Gendern basisdemokratisch zu entscheiden wäre. Nach unserem Grundgesetz?
Andererseits wird festgestellt:
Unsere Grammatik widerspricht dem Grundgesetz.

Ja, wenn schon, dann doch eher umgekehrt:
Unser Grundgesetz widerspricht unserer Grammatik.

Der Kampf geht weiter.

Wogegen auch immer.

Nachwort

In diesem Buch wird weitgehend Material verwendet aus:

Kirkness, Alan: Zur Sprachreinigung im Deutschen 1789 – 1871.
Eine historische Dokumentation. Tübingen 1975

Dort sind auch die Quellen wohldokumentiert.
Alan Kirkness war damit einverstanden, wollte aber selbst als Autor nicht genannt werden.
Wir danken ihm herzlich.

Im März 2021

2020 im mykum Verlag erschienen:

Grundfragen der Kommunikation.
Eine Art Einführung.
Brey: mykum 2020.
ISBN 978-3-9820854-5-6. 240 S., 16,90 €

Idiomatik. Eine Einführung.
Brey: mykum 2020.
ISBN 978-3-9820854-8-7. 160 S., 18,90 €

Ironismen zur Lebensweisheit.
Brey: mykum 2020.
ISBN 978-3-9820854-9-4.120 S., 23,90 €

… und zum Abschluss
mehr als Sprachgenuss?
Auch für den Gaumen?

Biere, Bernd Ulrich / Heringer, Hans Jürgen:
Kochrätsel für Kenner
Brey: mykum 2020
ISBN 978-3-9822658-4-1. 132 S., 21,80 €